国家宝藏

探寻宝藏背后的中华遗产

宝藏

牟彦秋

著

台海出版社

国家宝藏

探寻宝藏背后的中华遗产

牟彦秋　著

台海出版社

目 录
CONTENTS

第一章

陵墓宝藏

第二章
古城宝藏

目 录
CONTENTS

第三章
战争宝藏

第四章

佛寺宝藏

目 录
CONTENTS

第五章
海底宝藏

第一章

陵墓宝藏

秦始皇陵宝藏：超乎想象的恢宏

　　秦始皇陵位于今陕西省西安市临潼区，它南临骊山，北依渭河，为坐南朝北的修建格局。据说，秦始皇从成为秦国君主之时起，便计划着为自己修建一座浩大、奢华的陵墓，这座陵墓由李斯主持规划、设计，由大将章邯负责具体修建工作。除此之外，他在统一六国后，还遣送 70 多万人前去为他修建陵墓。虽然为秦始皇修建陵墓的人很多，可是陵墓仍修筑了 38 年之久，直到秦始皇死后一年，他的陵墓才算正式完工，由此可见，秦始皇陵墓工程有多么浩大，气势有多么宏伟，里面所埋藏宝藏有多么多了。《史记》中记载："穿三泉，下铜而致椁，宫观百官、奇器珍怪徙藏满之。"可以说，秦始皇陵开创了中国历代君主奢侈厚葬的先例，自他以后，绝大多数帝王都为自己修建奢华的陵墓。

　　不说秦始皇地宫中埋藏着多少宝藏，只说在他陵墓的周围，那些地坑里埋葬了各种陶俑，形态各异、栩栩如生，甚至连他们的战马、战车和武器，也极为精美、逼真。这些陶俑被世人称为现实主义的完美杰作，历史学家也认为它们具有极高的历史研究价值。因此，也难怪人们被其深深吸引而沉醉于其中了。

空前绝后的帝王陵墓

　　秦始皇陵墓规模十分宏大，专家们估计，秦始皇陵园总面积达 56.25 平方千米，相当于 78 个故宫的大小。据资料记载，秦始皇陵上的封土原本高约 115 米，然而因为种种原因，现在只剩 76 米，但仍有 22 层楼那么高。秦始皇为了陵墓的安全，命人在陵园内修建了内外两重城垣，内城垣全长 3840 米，外城垣全长 6210 米，而内外城垣高有 8 ~ 10 米，虽然如今这城垣已经没有往

秦始皇兵马俑

秦始皇兵马俑

日的威风，但人们仍能看到它的痕迹。秦始皇陵的墓葬区在整个葬区的南边，而寝殿和便殿则建在北边，形成坐南朝北之势。

1974年3月29日，西安市的农民在挖井时，无意间挖出了一个陶制的武士头，地点就在秦始皇陵坟丘东侧1500米处。这引起了相关专家的注意，后来在他们的倡议下，我国政府组织相关人员对此地进行发掘，于是震惊全世界的秦始皇陵兵马俑展现在世人面前。

为了进一步了解秦始皇陵的奥秘，国家决定对其陪葬坑再展开挖掘，所以在1994年3月1日，我国政府展开了对秦始皇兵马俑二号俑坑的正式挖掘。这次挖掘出的秦始皇兵马俑坑，是20世纪以来最巨大的考古发现之一，它也因此被世人称为"世界第八大奇迹"。

既然二号秦始皇兵马俑坑被世人称为世界第八大奇迹，自然里面有很多珍稀的文物与难解的谜题。那么考古专家们从里面到底发现了什么珍稀文物呢？首先是武器，包括铜矛、铜弩机、铜镞、残剑等。除此之外，专家从俑坑里还发现了一批青铜剑。这批青铜剑长约86厘米，剑身上还有八个棱面。考古学家们用游标卡尺对这八个棱面进行过仔细的测量，结果发现惊人的事实，这八个棱面的差别甚至还不足一根头发丝的粗细，更让人感到震惊的是，不只一把青铜剑如此，出土的所有青铜剑均是如此。还让专家感到奇怪的是，这批青铜剑的制作工艺极为优良，剑身光亮平滑，内部组织致密，而剑刃部的磨纹也十分细腻，纹理虽有来去，但没有丝毫的交错。另外，当考古专家们将这批青铜剑从秦始皇陵里发掘出来时，它们就像新铸的一样光亮锋利，完全不像在黄土下埋藏了2000多年的样子。对于青铜剑之所以会如此光亮锋利的原因，有关科研人员在对它们进行科学鉴定后，发现在青铜剑表面有一层大概10微米厚的铬盐化合物，正是这层薄薄的铬盐化合物，使青铜剑一直保持着光亮如新、锋利无比。

除了防锈工艺让世人震惊外，考古专家在发掘秦始皇陵兵马俑坑时，还有一个有关青铜剑的惊人发现。原来当考古专家清理一号坑的第一过洞时，发现有一把青铜剑被150千克的陶俑压弯了，专家们以为是挖掘过程中陶俑倒塌，压弯了青铜剑，他们本来感觉很可惜，可是当他们移开陶俑之后，那把被陶俑压弯的青铜剑竟在一瞬间反弹平直，恢复平直的形态了。以当时的冶金技术来看，不得不说是一个奇迹。

通过秦始皇陵的发掘，人们得到了太多的谜题。人们一直想通过科学来解释这些问题，然而，直到今日，仍有很多问题无法解释。

神秘莫测的巨大陵寝

秦始皇之所以会如此注重修建自己的陵墓，是因为自战国时起，各诸侯国国王便有在生前为自己大造陵墓的习俗，如《史记·赵世家》中记载：赵肃侯"十五年起寿陵"；平山县中山国王陵墓也是中山国王在他生前就让人修建的。作为战国霸主的秦国自然也不能免俗，所以秦始皇在刚刚坐上秦国国主的位子时，为了表明自己的王位正统，他便开始了修建陵墓的浩大工程。这种刚刚即位便开始修建陵墓的做法，却是秦始皇开创的。

秦始皇陵的修建，前后分了三个施工阶段。第一个阶段从秦始皇登上王位时起到他统一六国时止，那26年可以说是秦始皇修建的初期阶段。在这个阶段里，工匠们主要是完成陵园工程的设计和对主体工程的施工，以及初步奠定陵园的规模和基本格局。

第二个阶段从秦始皇统一六国到秦始皇三十五年（公元前212年），在这9年，秦始皇意气风发，秦国国力强大，加上战俘众多，在大批人力物力的支持下，秦始皇陵进入了大规模的修建时期。对此，《史记》中有过记载："及并天下，天下徒送诣七十余万人。"70多万人来修建秦始皇陵，它的修建进度怎么会不快呢？所以虽然只有短短9年的时间，可是秦始皇陵的陵园主体工程却已基本完成了。

第三个阶段是从秦始皇三十五年到秦二世二年冬，这短短的3年，是秦始皇陵的收工时期，这一阶段，工匠们主要从事陵园的收尾工程与覆土工作。

虽然秦始皇陵的修建历时38年之久，可是按照工匠们的规划、设计来看，它并没有真正完成。之所以会这样，据说与秦朝末年的农民起义有关。据说当时陈胜、吴广的部下周文率兵打到了距陵园不足数千米的戏水附近（今临潼区新丰镇附近）。秦二世如秦始皇一样骄奢淫逸，却没有秦始皇的武功，面对起义军，他惊慌失措，无计可想，便召集群臣参议对策。在其他臣子无更好的

秦始皇墓出土编钟

秦始皇兵马俑展——青铜器

秦始皇墓出土青铜矛

秦始皇墓出土兵马俑

秦始皇墓出土战车配件

秦始皇墓出土鸟尊

方法时，秦二世采取了少府令章邯的建议："盗已至，众疆，今出兵近县不及矣，骊山徒多，请赦之，授兵以击之。"秦二世于是命令正在修建秦始皇陵的七十万人放下工程，由章邯率领抵抗周文的起义军。因为修建的民工都被调走了，所以秦始皇陵的修建也只好停了下来，后来秦国形势越来越危急，秦始皇陵的修建也不得不草草收工了。可是即使秦始皇陵修建是草草收工的，毕竟它也经过了长达 38 年之久的修建，里面绝大部分工程都已完工，珍稀文物、绝世宝藏自然不会少。

工程如此浩大、投入人力如此之多的秦始皇陵，在选址时也是精心选择。设计秦陵的人，不仅为秦始皇陵精心选择了一处风水宝地，而且还对陵园总体布局，进行了独具匠心的设计。

也因为如此，即使几千年过去了，虽然长达 10 千米的表里夯土城垣已残缺不全，秦始皇陵高高如山的封塚也由 100 多米降到 76 米，可是它仍牢牢地屹立于骊山脚下，渭水河畔。虽然秦始皇陵的地面建筑焚毁于楚霸王项羽的手中，可是地下的宫殿与陪葬坑仍完好地保存下来。另外，在被项羽焚毁的秦始皇陵残存的废墟上，考古专家们发现了陵寝建筑群遗址，这些主要分布在封土北侧、内城西半部的建筑群遗址规模十分宏大。除此之外，考古专家们在秦始皇陵封土西北的表里城垣之间，还发现一处地面建筑群。清理后，专家们根据相关资料猜测，这三组房屋应该是饲官居住的地方。在饲官居住的地方遗址的南北两侧，还有几组规模相当可观的、专家们没有清理出的地面建筑。

在 20 世纪 60 年代之前，关于秦始皇陵的地点与宝藏的猜测，还只存在于文献记载与传说中。后来因一位农民的偶然发现，秦始皇陵才正式进入世人的眼中，成为震惊世界的第八大奇迹。

相信，无论是谁，在秦始皇陵被发掘前，肯定想不到单单是陪葬的兵马俑坑，就有如此大的规模，可是随着一号俑坑被完全发掘，之后二号兵马俑坑、三号兵马俑坑和一座甲字形大墓的相继发掘，秦始皇陵便渐渐向世人掀开它神秘莫测的面纱，将它里面丰富的宝藏呈现在世人面前。其中，仅兵马俑坑占地就达 2 万多平方米，里面陪葬的与真人真马相仿的陶俑马就有 8000 余件，青铜刀兵更是高达数十万件。如此规模宏大的陪葬坑不仅在我国，甚至在全世界陵寝中也是前所未有的。

在秦始皇陵墓中，除了兵马俑陪葬坑外，人们还陆续发现了大量的陪葬坑、陪葬墓，如考古专家在秦始皇陵区东侧发现了百余座马厩陪葬坑，17座陪葬墓；在陵园西侧发现了31座珍禽异兽陪葬坑，一座曲尺形马厩陪葬坑和61座小型墓坑；陵区北侧发现了一座较大的动物陪葬坑；在东表里城垣之间发现了铠甲坑、百戏俑坑……除了这些陪葬坑、陪葬墓外，考古专家还在陵区地宫西面发现了10乘大型彩绘铜车马、木车马，这些慢慢被人们发现的陪葬坑、陪葬墓与大量珍稀陪葬品，都一再揭示着秦始皇陵墓内埋藏着富可敌国的宝藏。

幽幽地宫谜团重重

秦始皇陵地宫到目前为止，仍没有打开，不是挖掘不开，而是挖掘开后，里面的宝藏无法保存，所以秦始皇陵地宫对于人们来说，仍是一座充满了神奇色彩的地下"王国"。到目前为止，以现有的技术来说，人们也无法用科学仪器测量出秦始皇陵地宫的形制及内部布局，所以在秦始皇陵地宫中埋藏有富可敌国的宝藏的传说的引诱下，不知有多少人对秦始皇陵地宫进行了猜测。秦始皇陵地宫是什么样的布局？地宫内藏匿了多少奇器珍宝？地宫内防盗机关有多少？地宫挖了多深、多长、多宽？秦始皇的棺椁是铜棺、石棺，还是木棺椁？他的尸骨是否如传说中那样完好无损、栩栩如生？……这许多的疑问一直悬在人们心里，困扰着对秦始皇陵感兴趣的专家、学者与研究人员。虽然现在科学技术有了很大发展，可是对于秦始皇陵的种种谜团，仍有许多无法解释，人们也只能根据目前发掘出来的文物、资料，以及流传下来的历史文献，对秦始皇陵做一初步的猜想，对因秦始皇陵而产生的种种疑问做一浅显的猜测。

谜团一：秦始皇陵地宫到底有多深？

秦始皇陵地宫在秦汉时期，便已被人们认为是规模最大的地宫。司马迁在《史记》中说它"穿三泉"，《汉旧仪》也说它"已深已极"。虽然他们都说秦始皇陵地宫很深，可是有多深呢？他们并没有给出准确的数字，所以今天人们仍需要探索秦始皇陵地宫到底有多深。

对于秦始皇陵地宫的深度，华裔物理学家丁肇中先生曾探索过。他通过运用当时所有的高科技仪器，对秦始皇陵地宫进行了勘测，不过，他也没有得到准确的数字，而是得到一个大概范围，即秦始皇陵地宫深度500米至1500米。

丁肇中先生的这个猜测，在今天已经被完全否定了，因为如果秦始皇陵地宫在1000米以下，那么，它的地理位置将超过了陵墓位置与北侧渭河之间的落差。这样，地宫里的水就很难排出去，很容易造成渭河水倒灌地宫的危险。不过，虽然丁肇中先生的这一猜测与事实可能悬殊太大，但是他却为人们开了运用现代化科技手段探索秦始皇陵地宫的先河，使人们探索秦始皇陵地宫又多了一种手段。

对于秦始皇陵地宫的深度，不止丁肇中先生一人有过探索，国内外文物考古学界、地质学界的专家学者们也对此做过多方面的研究探索。根据考古学家最新的钻探资料显示，秦陵地宫实际上并没有传说中人们想象的那么深，它的实际深度应该与芷阳一号秦公陵园墓室的深度接近，即从地宫坑口至底部平均大约有26米深，如果加上封土没有改变时的距离，最深的地方大概也就有37米。

虽然这个数据是各专家学者根据最新钻探资料与相关文献猜测出来的，应该不会有太大的误差，可是秦始皇陵地宫毕竟并没有打开，所以这个猜测目前也只能是最有可能的猜测，事实究竟如何，只能等待秦始皇陵地宫重见天日的那一天了。

谜团二：地宫有几道门？

说起探测地宫中的门，不禁让人想到在2002年9月17日，考古学家用机

秦量

秦始皇像

器人探索金字塔的尝试，将它从第一道石门洞口放进去之后，却没想到它又被一道石门阻止了。这也使得考古学家探索金字塔的工程只能搁浅了。因为金字塔里并不是只有这一道门。自然，在秦始皇陵地宫里，如果有门，也不会只有一道，那么它里面到底有多少道门呢？

对于地宫门有几道的问题，司马迁在《史记》里也有记载，只是当时学者们并未注意到罢了。《史记》中记载："大事毕，已藏，闭中羡，下外羡门，尽闭工匠藏，无复出者。"《史记》中所写的意思是，秦始皇的棺椁和随葬品全部放在中门以内，然而"闭中羡，下外羡门"，使工匠"无复出者"，既保守了秦始皇陵的秘密，又成了秦始皇的陪葬品。既然《史记》中提到了中羡门、外羡门，自然也会有内羡门了，这么看来，秦始皇陵地宫中应该有三道门才是。然而，需要注意的是，司马迁在《史记》中对中羡门，用了一个"闭"字，而对外羡门，用了一个"下"字，这说明了什么？说明秦始皇陵地宫中的中羡门应该是可以开合的活动门，而外羡门应该是由上向下放置的石门，它可能是横向镶嵌在两壁的夹槽中，无法再次开启。至于内羡门，司马迁在《史记》中没有记载，人们猜测，它可能与中羡门一样，是一个活动门。

谜团三："上具天文"是什么意思？

对于秦始皇陵地宫，司马迁在《史记》中还写过这样一句话："上具天文，下具地舆。"这句话是什么意思呢？

考古学家夏鼐先生对此曾做过猜测，他说："'上具天文，下具地舆'应当是在墓室顶绘画或线刻日、月、星象图，可能仍保留在今日临潼始皇陵中。"夏鼐先生的这一猜测是否正确呢？之前可能人们还有很大的猜疑，可是近年来西安交大汉墓中的发现，为夏鼐先生的这一猜测做了证明。据说，在发掘西安交大汉墓时，考古专家们发现了类似于"天文""地舆"的壁画。在地宫上部画的是日、月、星象，而下部画的是代表山川的图案。人们据此推测，秦始皇陵地宫的上部应该绘有更为完整的二十八星宿图，而在地宫下部，填充了大量水银，以代表山川地舆。这种绘制，象征着天、地均在秦始皇陵内，秦始皇死后，仍然可以"仰观天文，俯察地舆"，统治地下的一切。这也是司马迁在《史记》中所写的"上具天文，下具地舆"那句话最大可能的解读。

荆轲刺秦

汉朝楚王陵：狮子山惊现"大空洞"

说起汉朝楚王陵，可能有些人感觉很陌生，不太知道里面到底埋葬的是谁。以前一直传说，楚王陵里面埋葬的是西汉分封在徐州的第三代楚王——刘戊，然而在 2002 年，有部分专家提出异议，他们对发掘后的楚王陵墓葬形制、出土文物和开凿时间三方面进行考证后认为，这种传说是错误的，楚王陵里埋葬的应该是第二代楚王刘郢。

楚王陵修建在今江苏省徐州市三环路，即徐州市东郊南麓的狮子山上。楚王陵凿石为墓室，穿山以藏宝。它掩映在草木中的奇特的建筑结构，显示了楚王陵庞大的规模、恢宏的气势，以及让世界震动的奇思妙想。

楚王陵里埋藏着大量珍稀宝物与珍贵文物，目前已经出土了各种质地的珍贵文物 2000 余件（套），甚至还有不少是国内考古专家首次发现的珍贵文物。除了这些珍贵文物外，在楚王陵里，还陪葬着 4000 余件兵马俑，以及可以完整复原楚王形象的遗骨，这对科学工作者来说是天大的惊喜。

楚王陵里面有如此多的珍贵文物，相对一个分封的王来说就已经让人感觉很稀奇了，可是为什么在楚王陵里，还陪葬着如此大批的兵马俑呢？本文将为你揭开汉朝楚王陵的神秘面纱。

汉朝楚王陵的奇特建筑

在 1995 年年末，一条消息让人倍感惊喜，消息说：考古学者从徐州狮子山楚王陵发现一件堪称最完美的"绝品"——金缕玉衣。说起金缕玉衣，不禁想起传说中它可以让尸体不腐、灵魂不灭的特殊功能。金缕玉衣是否有这种特殊功效，这不得而知，可是能看到的是，金缕玉衣是我国古代的能工巧匠通过自己高超的技艺，将四千多片大小基本相同的玉片用金丝串联起来而制成的。其价值之珍贵、工艺之高超，举世难寻。这种古代君王方可享用、据说可以让人"永垂不朽"的特殊葬衣，是狮子山楚王陵再一次将它带入世人的眼中的。

狮子山楚王陵位于江苏省徐州市内。徐州自古便是交通、经济、文化中心和军事重镇，这是由它的地理位置决定的，它处于今江苏、山东、河南、安徽四省边界，是兵家必争之地。有史以来，有资料记载的，围绕徐州的战争就有二百多次。

对于徐州的重要性，史书早有记载，甚至还有一句诗专门形容徐州的重要性："自古彭城列九州，龙争虎斗几千秋。"这句诗里面的彭城就是徐州的古地名。因为徐州如此重要，所以刘邦分封诸王，就将徐州及其周围的 36 个县分给了被他封为楚王的弟弟刘元，刘元也就是汉朝第一代楚王。

刘元也很了解徐州的重要性，所以他及其 11 代子孙一直坚守着徐州，死后葬在了徐州附近的山中。考古学家从徐州附近的山中发现了 8 位楚王的陵墓，让考古学家们感到惋惜的是，这 8 座陵墓都被人盗掘过，有的陵墓甚至被盗掘了不止一次，已成空墓。

虽然大部分楚王陵墓已经被盗掘过了，可是仍有漏网之鱼幸运地躲开了盗墓贼的黑手，位于狮子山的楚王陵就是这样一座幸运的陵墓。

狮子山楚王陵坐北朝南，入口处在山南的山坡上，通过绵延的地道，便可以到达深入山体主峰内部的主墓室。楚王陵地宫总面积约有 850 平方米，它南北极长，大概有 117 米，而东西宽度却只有 13.2 米左右。专家们推测，当时修建楚王陵时，只为了修建山体内的墓室，古人就掏出了大概 5100 立方米的石头。

狮子山楚王陵的布局和其他的王陵差不多，也都有外墓道、内墓道、天井、

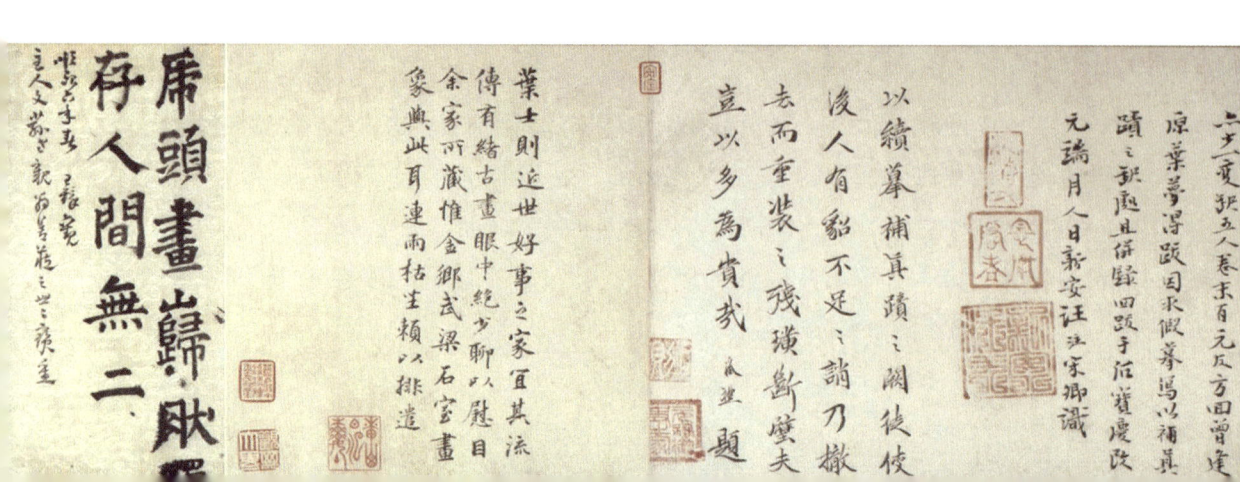

甬道、耳室和墓室，但是楚王陵内独特的墓葬形制和严谨的建筑结构，却比其他王陵多了一份粗犷、雄浑和博大。

楚王陵不止墓葬形制和建筑结构让人惊叹，它里面埋藏的珍稀文物更让世人惊奇。如此让世人惊叹的楚王陵要躲开盗墓贼的黑手，修建的地方自然不是那么容易找到的，既然如此，可是为什么它现在能出现在世人面前呢？这还要从一个意外说起。

狮子山上的意外发现

为了解开狮子山上的陵墓在哪儿的这个问题，考古学家们首先对狮子山展开了调查。狮子山因为山形似卧狮而得名，独特的地理让考古学家们的调查难度加大了。不过，这些困难并没让考古学家们退缩。他们首先草拟出各种有关陵墓形状的模拟图，与狮子山的地相对照，以确定陵墓可能埋葬的地方；然后，他们运用各种现代科学仪器，并请来了地质勘查队，对狮子山进行钻孔探测。然而狮子山上民房鳞次栉比，他们无法大规模、普遍地钻孔探测狮子山，所以他们只得放弃这种漫无边际没有百分之百把握的做法，而选择梅花桩的勘探方法进行探测。虽然他们付出了许多，可是收获却无法与付出成正比，他们几乎没有任何进展。

这方面行不通后，考古学家转换了思路，从另一方面入手寻找陵墓的位置。首先，他们可以肯定，陵墓的主人处于汉代，以兵马陪葬坑的规格和陪葬的兵马俑数量来看，陵墓主人的身份低不了，既然如此，那么当地人说不定会从祖辈相传的故事中了解一些情况，想到这儿，考古学家们便展开了走访工作。毕竟狮子山陵墓修建时间距今太远，当地人即使有流传下来的故事，可能也变调

金缕玉衣

了，考古学家们想从庞大的传说故事中找出头绪，无异于大海捞针。然而皇天不负有心人，1990 年，徐州汉兵马俑博物馆馆长、考古学家王恺在狮子山村走访，在与老人闲聊时得到珍贵的线索。那位老人叫张立业，在 1990 年时就已经有 86 岁高龄了。张立业老人说，他们祖辈曾挖过很深很深的大地窖，其中最大的一个地窖，能放 1 万多千克红薯。

　　说者无意，而听者有心，王恺馆长听了张立业老人的话后，心中一动，这狮子山到处都是石头，这位老人的祖辈又怎么可能挖出这么大、这么深的地窖呢？想到这儿，王恺馆长敏感地意识到，这是一条极有价值的线索，只要找到老人祖辈挖掘地窖的地方，他们就很可能找到陵墓。

　　果然，他们在老人祖辈挖掘、现已废弃的地窖下面 3 米的地方，发现了外墓道上人工开凿的痕迹，有了这一发现，考古学家们欣喜若狂。终于，他们找

到了陵墓所在，可以弄明白狮子山陵墓主人的身份了。

虽然考古学家们都干劲十足，可是考古工作本身就是一份细致的工作，无法急躁，所以虽然他们发现了陵墓地宫的外墓道，还是花费了整整两年的时间，才最终确定狮子山陵墓地宫的准确位置。

有了准确的位置与发现后，经过上报，我国政府准许狮山子居民搬迁，为考古学家发掘狮子山陵墓地宫做准备。1994年11月，国家文物局将徐州狮子山楚王墓的开掘列为1995年全国十大考古发现之首，正式下发文件批准考古学家发掘狮子山楚王陵。

有了国家的支持，考古学家们很快开始了对狮子山陵墓地宫的发掘工作，也很快就使狮子山楚王陵呈现在了世人面前。

考古学家们挖掘开狮子山陵墓后，发现这座陵墓是坐北朝南的建筑，能使陵墓如此修建的，陵墓主人最低也应该是一位王，至于是哪位王，只能等陵墓地宫全部挖开后再做推断。考古学家将问题放在心中，继续发掘陵墓，发现这座陵墓一共有12间墓室，墓室总面积达850多平方米。考古学家继续向里清理推进，发现这座陵墓采用的是汉代流行的横穴岩洞式，将狮子山几乎掏了个半空。在陵墓内，还开凿了一个巨大而方正的天井，这在以往考古学家发掘的汉墓中从来没有见过。这些不同，又代表什么意思呢？考古学家们越来越好奇。可是没有完全清理出陵墓地宫，这些问题谁也无法正确回答。

就在考古学家们带着种种疑问的忙碌下，他们通过各种现代化机械，花了三个多月，才将井中的夯土和填石清理出去。当清理基本接近尾声时，考古学家发现，原来狮子山并不是一座土山，它和徐州周围的许多山丘一样，是座石头山。当考古学家们看到了狮子山的全貌后，他们不禁对我国古人心生佩服之情。有现代化机械的帮助，他们还花了三个多月，才将天井中的夯土和填石清

理出去，而在古代，根本没有什么大型机械帮助，只靠人工，就将这座石头山凿了个半空，凿下这个硕大的天井，不知道需要多长时间才能完成。专家们推测，要修建这座陵墓至少也需要 20 年，这还是人力也不少的情况下才行的。

清理出这座陵墓后，经专家对陵墓中的文物进行鉴定，推断这座陵墓应该是西汉楚王的陵墓。

汉朝楚王陵几大难解之谜

谜团一：楚王陵里埋葬的人是谁？

对于狮子山楚王陵的主人，考古界支持这两个人：一个是第三代楚王——刘戊，一个是第二代楚王刘郢。

认为狮子山楚王陵是刘戊的专家、学者的依据是，陪葬的兵马俑坑四壁十分随意、简陋，不衬耗费如此巨大、建筑如此奇特的楚王陵。这部分专家说，之所以会出现这种情况，是因为刘戊曾参与过“七国之乱”谋反，然而他最后却失败了，当时楚王家族为了保全家族，就让刘戊自缢谢罪，以为家族赢得中央王朝的谅解。刘戊死后，楚王家族的人考虑到刘戊是家族的王，本应享受王者之礼下葬，可是他毕竟是因谋反失败自杀身亡的，如果等朝廷下诏书，他必定无法按王者礼下葬，所以楚王家族为了保全刘戊的荣誉，就赶在朝廷下诏书之前，将刘戊下葬了，然而因为刘戊是自杀身亡的，下葬时间又急，他的陵墓虽然修建了 19 年，可是根本就没完成。又因为楚王家族是抢先下葬造成既定事实，即使刘戊的陵墓没有完成，他们也不能再有大的动作了，因此这个陪葬的兵马俑坑壁才会如此简陋。

认为是第二代楚王刘郢的专家的依据，包括狮子山楚王陵的墓葬形制、出

如意

土文物和开凿时间三方面。这部分专家说，从墓葬形制看，狮子山楚王陵修建的时间应该是西汉早期竖穴墓向横穴墓演变的时期。从随葬物品看，考古学家从楚王陵中发掘出了其薛郡的文阳之印和东海的兰陵王印，而这两郡在景帝二年就被削去了，还使用这两郡郡名的陵墓主人，肯定是在两郡削藩之前就已死，甚至下葬的时间也应该早于两郡削藩时，而这只能是第二代楚王刘郢。因为第三代楚王刘戊是七国之乱时的反王，七国之乱的根源是中央朝廷要削藩。刘戊率领的七国叛乱失败后，景帝很可能已经削了两郡。他们据此推测，狮子山楚王陵的主人应该是刘郢。

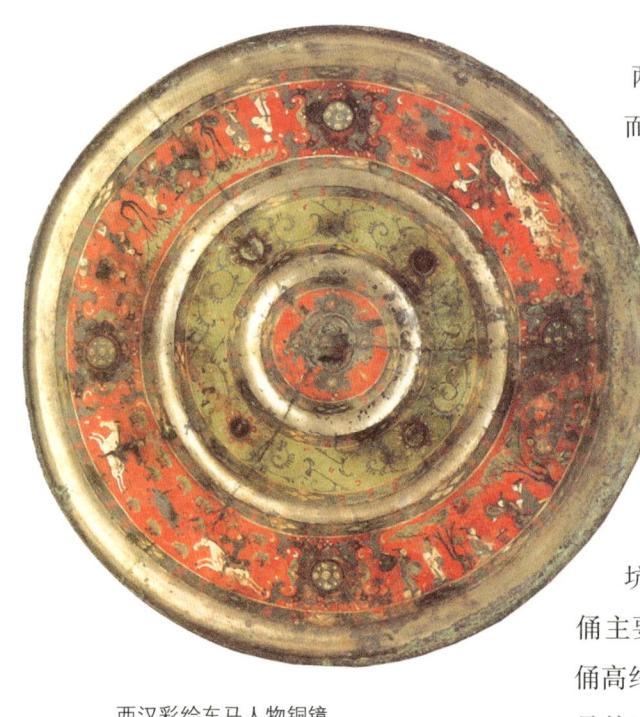

西汉彩绘车马人物铜镜

两方的说法可以说各有道理，然而目前还没有更加翔实的资料可以证明他们的观点，所以狮子山楚王陵的主人到底是谁，只能等待后人评说。

谜团二：为什么兵马俑的姿势各异？

专家们在狮子山共发现了5个埋葬兵马俑的陪葬坑，其中3个俑坑比较大，两个俑坑则稍小一些。俑坑里埋葬的陶俑主要有立式俑和坐式俑两种。立式俑高约48厘米，坐式俑高约25厘米。虽然这些兵马俑的尺寸比真人小了很多，但是它们五官十分清晰，四肢也十分完整，由此可见，这些兵马俑应该是完全按照真人的模样来制作的。

专家们根据兵马俑坑的地理位置，将这5个兵马俑坑编上号。通过清理，专家们发现，在一号兵马俑坑里，兵俑中呈立式的都是步兵，呈坐式的是驾车的驭手和车兵。在狮子山楚王陵的陪葬兵马俑坑里，除了人俑，还有马俑，立于马俑后面的人俑应该就是指挥官。这些兵马俑中完全没有动物俑和女性俑，专家们据此推测，一号坑里埋葬的应该是兵马军阵俑，而不是郊游俑。

在二号兵马俑坑里，前段放置各式陶俑832件，后段残存跪坐式陶俑474件。目前为止，专家们并没有发掘三号兵马俑坑，所以它里面的情况还不清楚。不

过，四号兵马俑坑被发掘了，可是专家们只在里面发现了十余件陶俑，而且这些陶俑多数还被破坏了。

为什么在兵马俑坑里埋葬着不同姿势、不同数目的兵马俑，而四号兵马俑坑里的陶俑只有区区十余件，而且多数还都有破损，这些破损是外力所为，还是陵墓主人的意思？这又是一个难解的谜题。

谜团三：兵马俑军阵为何混乱不堪？

1984年，考古学家在狮子山山脚下发现了大批汉代兵马俑，然而让他们感到奇怪的是，俑坑里的兵马俑摆放得十分混乱，为什么会出现这种情况？要知道，我国一向是礼仪之邦，尤其是古代更注重礼仪教化。那么是什么原因让工匠们甘愿冒天大的风险，将兵马俑如此摆放呢？这个问题要得到很好的回答，就得回到楚王陵的主人是谁的问题上了。难道真是因为楚王家族将人匆忙下葬、而让陵墓的修建半途中止？要回答这些问题，还需要等待资料的进一步充实。

谜团四：哪具尸骸是楚王？

考古学家因为不知道在徐州狮子山中的这座陵墓的主人到底是哪一代楚王，便想通过骸骨查找线索。考古学家从陵墓中收集的骸骨经徐州医学院法医司法鉴定所专业人员鉴定后，确定这些骸骨都来自同一个人，没有掺杂其他人的尸骨。除了鉴定出这一点外，鉴定人员还得出了这具男性骸骨的身高和年龄。此人身高应在1.73米左右，年龄大概是35岁。鉴定人员因为没有从这具骸骨上找到非正常死亡的痕迹，所以无法确定他到底是第几代楚王。显然这具骸骨又为楚王陵增加了一道谜题。

狮子山楚王陵虽然被发掘了，可是种种谜题仍让它的真实面目笼罩在朦胧的神秘面纱后面，吸引着人们前仆后继地去探索、去发现、去揭秘。

列女仁智图

乾陵："二圣"并葬，能有多少宝藏

在我国历史上，有一座特别的陵墓，那里面埋葬着一对夫妻，两朝帝王，其中一位帝王就是我国历史上唯一的一位女皇帝——武则天。

乾陵建于公元684年，位于今陕西省咸阳市乾县城北6千米的梁山上，距古都西安只有76千米。乾陵是西安唐十八陵中规模最大、保存最完整的一座，据说当时共花了23年才将它修建好，除了武则天与唐高宗的合葬陵外，四周还有17座陪葬墓。

乾陵一向被人们称为考古界的"三峡工程"。它里面埋藏着历史上独一无二的一对夫妻、两位皇帝，自古以来，人们便对乾陵极感兴趣，想揭开它所笼罩的面纱，让它所埋藏的宝藏呈现出来。所以从五代时起，就有不少盗墓贼惦记着乾陵里的宝藏，虽然他们几次对乾陵进行轰炸盗掘，却一直没有找到乾陵的地宫墓道入口。乾隆地宫的宝藏也就只能一直被人们猜测，想象一下它的富丽堂皇了。

令人神往的乾陵

在乾陵，最吸引人的还是它掩映在茸茸青草和灌木林之下的地下宫殿。乾陵的地宫到底是什么样子的呢？自它修建成后，便一直吸引着人们的兴趣。

因为乾陵并没有被发掘，所以乾陵地宫到底是什么样子的，人们只能根据相关文献与资料进行推测了。不过，在这些推测中，有一些是比较能得到人们的认可的，人们认为，这些推测很可能就是乾陵地宫的真实地形构造。

猜测一：乾陵的地宫应该和唐代的皇城宫殿极为相似，这是人们根据相关

唐螺钿梳背 梳顶

史料推测出来的。史料中记载，乾陵是依照唐长安城修建而成的。因此，人们根据史料中对古长安城的相关描述，来猜测乾陵地宫的大致模样。

猜测二：《新五代史》中记载昭陵曾被温韬盗过，书中说：地宫内"宫室宏丽，不异人间，中为正寝，东西厢列石床，床上石函中为铁匣，悉藏前世图书、钟（繇）王（羲之）笔迹，纸墨如新"。虽然《新五代史》记载的是关于昭陵的事，看似与乾陵无关，然而昭陵毕竟是唐高宗之父唐太宗李世民的陵墓，尤其是他们父子修建陵墓的时间间隔又很短，所用的工匠应该是全国工艺最高超的，这就很可能是同一批工匠，那么，修建的结构布局变化应该不会太大。

猜测三：目前我国虽然没有将乾陵发掘出来，但是它旁边的5座陪葬墓却都已被发掘出来了，尤其是懿德太子墓，在其发掘开后，考古专家们发现，这座墓可以说是再现了唐代墓葬的基本形制，据此，人们推测，乾陵应该也是按照唐代墓葬的基本形制修建的。

虽然人们根据相关文献、史料对乾陵地宫的结构做出了如此精准的描述，然而乾陵毕竟没有被发掘出来，人们的这些猜测也只能是一种推断罢了。要真

唐鎏金铜　舍利棺材

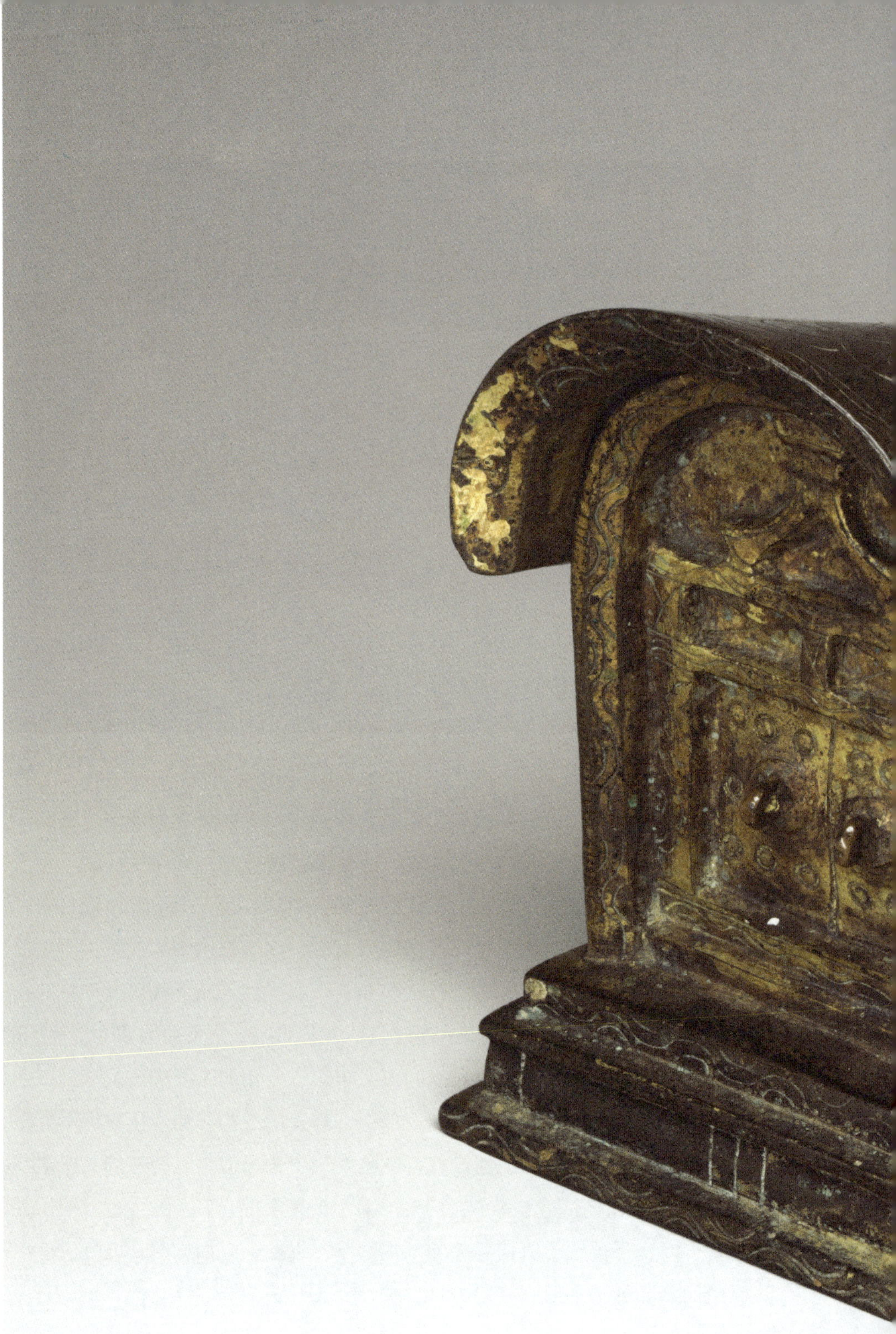

正知道乾陵地宫的真实面貌，还是需要等待它的重见天日，或者等待科技发展到足可以不用挖掘即可完全探知地宫信息的那一天了。

地宫内的奇珍异宝

如前文所述，由乾陵陵区的地面建筑和人们推测的地宫可知，它是仿照古长安城修建的，因此可以说，它就是唐代社会生活尤其是宫廷生活的一部形象缩影，对于人们研究唐代的文化与工艺，也是宝贵的实物资料，因此人们也称乾陵是一座完整的艺术宝库。人们对乾陵有如此高的评价，那么，乾陵的地宫里到底有哪些奇珍异宝呢？

1. 棺椁

想到地宫，自然会想到埋藏于地宫中最重要的物品——棺椁。人们认为，在乾陵中，存放唐高宗和武则天尸体的棺椁就应该是精妙绝伦、举世无双的工艺品。据传说，那两座棺椁的材质是玉的，因为传说玉棺可以防腐，使存放于其中的尸体仍能保持生前的模样。

人们之所以会猜测乾陵里的棺椁会是玉棺椁，是因为在唐代，我国和田玉就极为出名，高官贵族尤其喜欢和田玉，比如武则天就很喜欢和田玉。因此人们推测，乾陵里的棺椁是由和田玉雕凿而成的。不过也有人持反对意见，他们认为，一是神仙难断寸玉，想要找两大块足可以存放尸体的玉石并不是一件容易的事，尤其是还要得皇帝的欢心，就更不容易了。二是要防腐，并不是非玉石不可，来自深山中的千年楠木也有一定的防腐功能，所以他们认为乾陵里的棺椁很可能是由千年楠木装镶而成的。

不管乾陵的棺椁是由什么做成的，它肯定是由技艺高超的工匠精心雕琢而成的。人们从相关资料中得到这样的猜测：在乾陵棺椁上，刻画着内容丰富、技艺高超的线刻画，在外部，还装饰有金丝银线、美玉宝珠，它们将棺椁装饰得金碧辉煌、光彩耀人、价值连城。

专家们根据相关文献以及从乾陵陪葬墓中发掘的相关资料推断，乾陵墓室中存放的棺椁底部应该有防潮、防腐材料，在棺椁上面，还应该覆盖着珍宝，在这些珍宝上面，还有"七星板"。除此之外，应该还有席、褥，旁置衣物及圭、璋、璧、琥、璜、琮等"六玉"等物。

除了棺椁十分贵重外，在棺椁内，唐高宗及武则天的衣冠鞋裙，以及尸体的口里都有宝珠。而在他们的龙袍皇冠上，也佩戴着让人无法想象的奇珍异宝，以表现他们所拥有的皇权至尊至贵。

专家们猜测，两位皇帝应该都是身穿 12 套的大敛之衣，头枕在玉匣上，口里应该含有玉贝。他们应该是仰卧于褥上，面朝上。在棺椁内侧应该镶饰着黄帛，黄帛上还应该绘有日、月、星辰及金乌、玉兔、龙、鹤等图案。

在乾陵地宫的后墓室里，应该仿照古长安城的皇宫，设有石床，在石床上，应该放着衣冠、剑佩、千味食及两位皇帝生前喜欢的物什。

2. 陪葬品

在乾陵地宫里，除了最贵重的棺椁外，还有大量珍稀的陪葬品。人们根据乾陵修建是按照唐代墓葬形制来推测，在乾陵内，至少应该包括有唐高宗和武则天用过的玉玺、私印、文房四宝以及衣物书籍等。

不仅金银珠宝，只说陪葬品中的书籍，它们对相关专家学者研究唐代的政治、经济、文化等情况，能提供详细的、完整可靠的宝贵资料，必然使他们对唐代有一个更加深入、具体的了解。人们猜测，唐代著名史学家吴兢所著的《武则天实录》一书在乾陵地宫中也应该会有，这本书比较全面真实地记录了武则天的生平，如果它能被完整保存并被挖掘出来，必然会为人们揭开笼罩在武则天这位我国历史上唯一一位女皇帝头上的神秘面纱，使武则天统治的大周王朝的许多悬而未解的问题有一个相对圆满的解答。

据乾陵中的述圣纪碑记载，唐高宗本人十分喜爱书籍、字画，因此在他临终时，要求将他生前收集的书籍、字画等全部随他一起埋到乾陵里。可想而知，乾陵里面埋藏了多少稀世珍宝与珍贵书籍、字画。

除了乾陵地宫后墓室里的棺椁与陪葬的玉玺、私印、文房四宝以及衣物书籍外，人们推测，在乾陵地宫的前墓室里，应该设有"宝帐"，在宝帐内应该

大理石音乐家

放着神座，玉质的"宝绥""谥册"和"哀册"。

另外，在其他墓室及各便房内，还应该陪葬着数量惊人的金、银、玉、陶、瓷质祭器和古币，因为它们也是陪葬品的一个重要组成部分。

3. 线刻画和壁画

除了那些陪葬的财宝，在乾陵地宫的地道、石门、棺椁、墙壁上，还应该有工匠们雕刻、绘制的大量线刻画、镶嵌画和壁画，这些线刻画、镶嵌画与壁画也是宝贵的历史财富。可以说，在乾陵地宫中，再微小的东西，也是不可多得的无价之宝。

乾陵内有如此多的珍宝，让乾陵地宫重见天日，就可以为世界展现盛唐文化的独异风采。而要想达到这个目的，就需要进入乾陵，那么怎么才能进到乾陵内呢？它的入口在哪儿呢？这个问题是自乾陵修建完工唐高宗和武则天埋入乾陵后，就一直是人们关心的话题。然而对于这个问题，史书中却没有任何记载，在乾陵陵区，也没有任何明显或特有的标志提示入口所在地。

乾陵意外现身

1. 历代盗掘

除了在新中国成立后，我国政府组织考古人员对乾陵的墓道口以及它的陪葬墓进行过发掘外，在历史上，乾陵还曾被盗墓贼光顾过。据史料记载，早在五代时，后梁耀州节度使温韬，便将"唐诸陵在其境内者，悉发掘之，取其所藏金宝……惟乾陵风雨不可发"。显然，因为天气恶劣，温韬无法派兵前往盗掘，而使乾陵逃过一难。

不过，它的幸运并没有持续下去，在唐末时，黄巢率领农民起义，召集起了大批农民。然而起义军成员的增加，除了增加了他的实力外，还为他带来了军资匮乏的问题。为了补充军费，黄巢动用40万将士，盗挖乾陵。当时他所派的人已经在乾陵内挖出了一条40余米深的大沟，但是他们一直没有找到乾陵的墓道口。本来黄巢还想继续挖掘，可是官军很快追剿到了，面对强于他的官军，黄巢不得不放弃挖掘乾陵的打算，从乾陵中退了出去。

民国初年，军阀混战时，国民党各军官为了敛取大量财富，四处盗掘古墓。面对乾陵这样一个前无古人、后无来者的两位帝王同葬陵墓，国民党将领孙连仲自然不会放过。然而毕竟乾陵几曾被盗，都安然无恙，自有它的原因，如果他只派小股人员，在短时间内未必能将乾陵内的宝藏挖掘出来，可是盗墓在明面上毕竟还是违法的，所以他只能换个名目掩盖他的盗墓行为了。就这样，孙连仲借口保护乾陵，带领部下驻扎在梁山下，以演习为名，用真枪真炮的轰击声掩护一个师的兵力对乾陵进行盗掘。然而孙连仲的士兵们用炸药炸了乾陵的很多地方，却仍没能找到墓道的入口。无奈之下，孙连仲只能命士兵四处乱挖，可是就在他们盲目挖掘时，雷雨大作，一连数日，都不停歇。看到这种异象，士兵们议论纷纷，认为孙连仲盗挖乾陵招来了武则天皇帝的警告。因为天气不允许，加上士兵人心涣散，孙连仲无奈只得放弃盗掘乾陵的行动，率部离开乾陵。

从古至今，多少盗墓者想盗掘乾陵，然而都失败于找不到乾陵地宫墓道入口上。虽然那么多人刻意寻找都没有发现乾陵地宫墓道入口，在新中国成立后，却有人在无意中发现了乾陵的墓道入口。

2. 意外发现

在1958年冬季，国家召集农民修复经过乾陵的西兰公路，因为石料不够，当地人便到梁山上炸石取料。在11月27日下午，贺社社与同伴们在距无字碑向北1000米处的梁山北峰东南坡炸石头，前两炮没有任何异常，但是第三炮炸响后，几块石条飞了出来。贺社社和同伴们本来想收取这些石头，可是他们突然发现，这些石头不像是自然炸出来的，而像是人工凿的，而且在这些石头上，还有一些文字，有的石头上面甚至还连着像钢筋一样的东西。

当地人一直将武则天称为姑婆，贺社社和同伴们看到这些石条后，便意识到莫非自己把姑婆陵炸开了？想到这儿，他们知道出大事了，就跑到乾县政府办公室，向一位姓杨的干部报告了情况。这位姓杨的干部听了他们的话后，也很吃惊，他知道如果是真的，那么这件事就不是他能决定的，所以立刻向县委

唐代《捣练图》局部

书记、县长做了报告。县委书记、县长听了他们的报告后，一开始并不相信，毕竟他们都知道，在民国时期，孙连仲派出一个师的兵力，连轰带炸都没有找到乾陵，这几个农民用土炸药怎么可能就炸到乾陵了呢？

虽然县委书记和县长都很怀疑农民用土炸药炸出乾陵的说法，不过，他们也没反对杨姓干部和那些农民再去现场观察一下。因为当时交通不方便，加上从乾县政府到梁山墓道口有15里的崎岖山路，杨姓干部和农民们到炸出石条的地方时，已经是傍晚了，杨姓干部看了看现场的石头，发现的确有带字的石条。为防万一，杨姓干部让那几个农民用碎石把炸点盖住，然后告诉那些农民，不准再在这里炸石头了，而且也不准他们向外传炸出有刻字的石条的事。听了杨姓干部的话，贺社社和同伴们就收拾工具回家了。

杨姓干部回去后，没有放松，而是连夜向县委书记和县长汇报了他前去现场观察到的情况。县委书记和县长听了他的汇报后，经过商量，决定让他放下手里的其他工作，专门管这件事，同时县委书记和县长也不敢怠慢，立即向省城相关主管上级做了汇报。

于是在当年12月4日，相关考古专家便来到了梁山下，其中就有杨正兴、雒仲儒等人。他们到达乾陵后，立刻对农民炸出有刻字的石条的地方进行仔细勘查。惊喜出现了，这的确是乾陵的墓道入口，当这一消息确定后，陕西省主管部门便组织考古专家成立了"乾陵发掘委员会"，并于1959年4月3日正式开始发掘乾陵地宫墓道。

当5月12日，乾陵地宫墓道的砌石全部被他们发掘清理出来后，考古专家们发现，乾陵地宫墓道的情况，与《旧唐书·严善思传》"乾陵玄阙，其门以石闭塞，其石缝隙，铸铁以固其中"的记载完全相同。他们据此推测，这里就应该是真正的乾陵地宫墓道入口，尤其是当他们在此处入口的周围，并没有发现盗洞和被扰乱的痕迹时，他们认为，乾陵的确如传闻所说，虽然数次被盗墓贼惦记，但是却一直没有被盗墓贼得手。受技术限制，乾陵地宫入口虽然被发掘，国家仍决定暂不对乾陵继续发掘，而是等待技术更成熟之后，在适当时候再对其进行完善的开发。

定陵：争议与谜团交织的明皇陵

定陵，作为古代皇帝的陵墓名，曾被多位皇帝用过。如吴景帝孙休的定陵，北魏孝明帝元诩的定陵，北周宣帝宇文赟的定陵，唐中宗李显的定陵，宋翼祖赵敬的定陵，金景祖完颜乌古乃的定陵，朝鲜桓祖李子春的定陵，明神宗朱翊钧的定陵以及清文宗爱新觉罗氏奕詝的定陵等。这么多位皇帝的定陵陵墓中，现今比较有名的是明十三陵中的定陵。这既是由于当初挖掘明十三陵定陵时产生的是是非非，更是因为陵墓里面带着凄婉往事的陪葬品。

1956年，定陵作为我国第一个也是至今为止唯一一个被政府组织的考古学家打开的皇陵，展现在世人面前，里面丰富的陪葬品，向世人展示一个皇帝的爱憎、喜恶。下面，让我们看看这一富丽堂皇的历史宝藏吧！

唯一一座开发的皇陵

定陵是明十三陵中的第十座陵墓，是万历皇帝朱翊钧和他的两位皇后的陵墓，位于北京市昌平区境内的天寿山南麓。它建于1584年，直到1590年才正式完工。

20世纪50年代，我国政府有一项考古计划，想要挖掘明十三陵，解开有关明代的一些秘密，定陵就被考古学家们选为了第一个打开的明十三陵陵墓。自1956年开始，考古学家通过一点一点地挖掘，让定陵展现在世人的面前。然而在它被开发后，政府就停止了对明十三陵的开发，所以定陵是目前为止，我国第一座也是唯一被政府组织开发的皇陵。

考古学家们打开定陵后，都惊呆了，里面丰富的陪葬品，以及壮丽的建筑不得不让人感叹万历皇帝的奢华与我国古代人的匠心独运。

进入明十三陵，来到明楼檐下，可以看到四角及台阶都用巨石拼砌而成的有着"定陵"二字的石刻。除了"定陵"两个字的石刻外，在明楼内的石碑上，还刻有"大明"和"神宗显皇帝之陵"的字迹。走入明楼，在它的正后部就是定陵陵墓的主体——地宫。

考古学家们经过测量估算，发现定陵占地面积大约有18万平方米，而全部由青石砌成的地宫面积也有1195平方米。不过，他们也发现，定陵地宫虽大，可是里面却并没有梁架，而是采用高大的石拱来支撑起整个地宫。

在定陵宽阔的地宫里，一共有7座高达4吨重，却设计巧妙、开闭灵活的汉白玉石门，它们将地宫隔离开来，将其分成正殿、配殿、前殿。

考古学家通过考察定陵地宫中各殿的摆设与建筑结构，以及查找相关资料后发现，定陵地宫的布局与地上建筑完全一样，如在刚打开地宫时，考古学家们发现在地宫的中殿里陈列着祭器，主要包括三个汉白玉石座，以及在座前的三套黄色琉璃五供和三个青花大瓷缸，当时缸中装满了点燃长明灯用的灯油。而在地宫后殿的棺床上，则停放着万历帝朱翊钧和他的两个皇后的棺木，对应于地上建筑，这里应该就是万历帝的寝宫了。位于棺椁旁的26个红漆木箱里装满了陪葬品，这些对应的就应该是寝宫里的箱柜。

在明代的历史上，万历帝是一个颇有争议的皇帝，他10岁登基，与清朝的康熙帝经历很相似，不过也有不同，像他的在位时间远远比不上康熙帝，只有48年。虽然他的在位时间比不上康熙，可是也是明代在位时间最久的皇帝了。还有，他的统治过程跟康熙也很相似，在早期吏治清明、国力日盛，在后期朝政日趋腐败，贪官污吏横行，可是他最终没有康熙圣明，所选的继承者也没有雍正帝的治贪魄力，无法挽回朝政。

万历皇帝的陵寝定陵是在他执政早期修建的，当时历时6年，直到他28岁才正式完工，因为当时明朝国力鼎盛，财力充沛，所以万历皇帝可以花费800万两白银来修建自己的陵寝。以如此多的财力来支持一座陵墓的修建，可想而知里面陪葬品之丰富，雕刻之精美了。

据说，考古学家们从定陵地宫中挖掘出了3000多件文物，其中最著名的无价之宝有4件：金冠、凤冠、夜明珠和明三彩，除了这4件可以被称为国宝的陪葬品外，还有哪些呢？

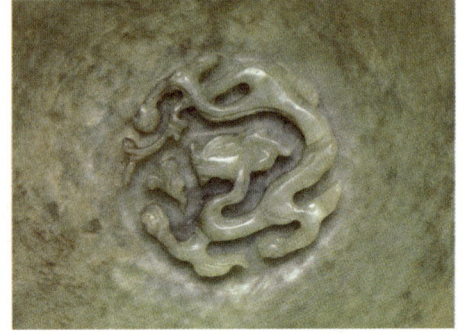

明长寿星玉碗

明朝犀牛角杯

价值连城的陪葬品

在定陵中有大量的陪葬品，先不说万历皇帝和两位皇后棺椁内的随葬品，只在棺椁附近的 26 个漆木箱里，就装满了陪葬品，考古学家清点后发现，这 26 个漆木箱里有金银器、冠、带、佩、饰、铜锡明器、武器、谥册、谥宝和木俑等珍贵文物 2648 件，其中不少文物都是首次面世的珍品。

在这 2000 多件文物中，仅金器就有数百件，而且件件都雕铸得极为精美，其中尤以帝后的金冠、金酒注、金爵杯为最。万历皇帝朱翊钧的金冠是金丝翼善冠，之所以得此名，是因为整个皇冠都是用极细的金丝，采用多种工艺编织而成的。这个金冠除了材料极为昂贵外，编织的工艺也极为精湛，工匠们用这些极细的金丝堆垒出二龙戏珠的图案，图案孔眼匀称，没有丝毫接头的痕迹。至于后冠，也是极为精美昂贵，像孝端皇后的后冠上有三龙两凤，龙是金丝制成的，而凤上布满翠云，除此之外，龙口中还衔着宝珠，凤口中则衔着珠滴。这个凤冠的珍贵之处在于，凤上装饰的翠云是翠鸟的喙羽攒点在硬纸上形成，而这种点翠方法现已失传。除了孝端皇后的三龙两凤后冠外，还有另外三顶后冠，分别是十二龙九凤冠、九龙九凤冠、六龙三凤冠，其中以六龙三凤冠最为精美、宝气、富丽堂皇。其上有 128 块红、蓝宝石，5400 多颗珍珠，全重甚至达 2905 克。

注体上刻着云龙花卉纹，注体腹部两侧有着镶白玉雕成、红宝石点睛的盘龙金酒注也十分惹人注目。爵体腹部外壁压刻半浮雕式的二龙戏珠及海水江芽流水纹饰，三足及二柱各刻龙首纹的金爵杯，也是陪葬金器中的精品之一。

除了金器，明朝的瓷器也是极为珍贵的，定陵的陪葬品中就有一件釉色为黄、绿、紫三色，耳足是由两条蟠螭盘环曲绕而成的珍贵瓷炉，后人称这种瓷器为"明三彩"。

除了金银器、瓷器，定陵的陪葬品中还有不少丝织品，如考古学家从定陵中出土的各种袍料、匹料和服饰用品就达 600 多件。这些多是各种质地的提花织物，其上多数都贴有腰封，这些腰封上记载了匹料的颜色、纹饰、质料、用途以及长度，有的还记下了织品的名称、产地、织造年月等，这些都为相关专家学者完善明朝织品资料提供了信息。

除了织品，陵寝作为皇帝认为自己死后将要生活的地方，自然也少不了服饰。定陵地宫中同样也陪葬着多姿多彩的服饰，在这些服饰中，最珍贵的要数孝靖皇后棺内的百子刺绣衣。据相关专家考察后说，这件百子衣采用的是复杂的刺绣工艺，整个袍衫共使用了 4 种昂贵的丝线和 11 种不同的刺绣方法，可谓精美至极、贵重无比。

佩带则以万历皇帝棺内的大碌带最为贵重、精美绝伦。据说大碌带上共有20 块祖母绿，91 块石榴子红宝石，其中一块体积最大、价值最高的祖母绿色绿、透明，品种极为名贵，是真正的无价之宝。除了最贵重的大碌带，定陵的陪葬品中，还有陪葬于万历帝棺内的猫儿眼带饰也是极为珍贵的饰品。

仅仅是定陵地宫后殿中便有如此多珍贵的陪葬品，可想而知，整个定陵的陪葬品有多丰富、多贵重了。正因为定陵中有如此多珍贵的陪葬品、雕刻建筑，以及它们为研究明朝历史提供的资料，所以在 2003 年，联合国教科文组织将已开发和未开发的整个明十三陵列入了世界遗产名录中，使这座精美庄严的皇家陵园成为全人类共同拥有的宝贵遗产。

凄婉的陪葬往事

定陵里埋葬的万历皇帝虽然是明朝在位时间最长的一位皇帝，但是漫长的帝王生涯并没有给他带来幸福，反而使他的人生充满了悲剧色彩，与他一起埋葬于定陵里的还有一个凄婉的爱情故事……

万历皇帝朱翊钧登基时，虚岁 10 岁，实际只有 9 岁，他的母亲孝定李太后十分希望他能像明太祖朱元璋一样，做一个有为的君王，所以，对于正是好玩、好闹不爱学习的他严格要求。为了不辜负母亲的期望，也为了做一个好皇帝的理想，万历皇帝朱翊钧只得每天拿出大量的时间来学习枯燥而乏味的儒家传统经典，而将在他这个年纪的孩子原本应该拥有的玩乐全放弃了。

然而之后的发展并没有那么顺利，当万历皇帝朱翊钧到了应该掌控朝政的年纪时，掌权已久的大臣却不想将权力这么轻易地还给他了，这些大臣面对朱翊钧制定的利国而损害他们利益的政策百般抵抗。大臣们的如此做法，让原本一心想大展抱负的朱翊钧极为失望。朝堂不顺慢慢勾起了朱翊钧失去快乐童年生活的怨恨。不过，朱翊钧的这些怨恨在他极为宠爱的郑贵妃那里得到了纾解。

在朝堂上大臣们越反对万历皇帝朱翊钧，他就越宠爱备受大臣非议的郑贵妃，在他看来，郑贵妃聪明伶俐、温柔可人，很会纾解他因为大臣的各种阻挠而产生的烦闷感。他将郑贵妃的位分越升越高，升到皇贵妃，最后，甚至还想立她为皇后。

然而利益的牵扯与郑皇贵妃的野心为大臣所忌讳，大臣们对朱翊钧的这个决定极为反对。无奈之下，朱翊钧为了平衡朝政，只得放弃这个打算。不过，大臣们越是如此，他越是不甘心，所以之后他又想将郑贵妃所生的儿子，即他的第三子朱常洵立为太子，想将皇位传给郑贵妃所生的儿子朱常洵，可是他的这一打算又被名义上是坚持封建正统"有嫡立嫡，无嫡立长"，实际上是早已押宝在了皇长子朱常洛身上的大臣们极力阻止了。

后宫之事，几乎可以算是家事，朱翊钧立妃、立后的决定都几次三番被大臣们反对阻止，就更不用说朝堂的政事了。面对势大的臣子，朱翊钧采取了让人极为意外的做法来进行抗议。他竟隐居在紫禁城的后宫中，并拒绝和所有的大臣见面。朱翊钧的这一做法，使朝政几乎瘫痪，也让原本日益强盛的明朝步入了衰败。

朱翊钧就这样不理世事，在后宫中隐居了30年。可以说，虽然他在位时间是明朝所有皇帝最长的，达48年，可是有30年的时间他都在后宫里，与郑贵妃过着隔绝世事的生活，他真正有作为的时间，也只有18年左右罢了。然而定陵，就是在他还有作为的时候开始修建的，为了修建定陵，他花费了800万两白银，搜购了丰富、精美的陪葬品，并将定陵修建得美轮美奂。不过，当定陵历时6年、终于完工时，朱翊钧最后一次亲自视察后，就因为大臣的阻挠，开始了他的后宫隐居生活了。

1620年，万历皇帝朱翊钧和当时的皇后先后病死，按理原本两人应一同迁入定陵中安葬，可是生前立郑皇妃为后的决定被臣子们坚决反对的朱翊钧还想做最后一搏，他以遗诏的形式，封郑贵妃为皇后，想让她在自己死后有太后

明代铜景泰蓝珐琅香炉（带盖）　33 厘米 ×21.6 厘米 ×35.6 厘米

的荣耀，死后也能和自己合葬于定陵中。然而，朱翊钧的这一想法最终还是落空了，礼部侍郎孙如游极力反对，反而将朱翊钧早年病死的另一位皇后迁到定陵，与其合葬。

直到十多年后，郑贵妃于崇祯三年七月死去，死时，她被谥曰恭恪惠荣和靖皇贵妃，入葬银泉山，朱翊钧和她于定陵中合葬的美梦最终还是没有实现。

不过，虽然她没有被葬入定陵中与朱翊钧合葬，可是明朝灭亡后，郑贵妃的孙子、南明朱由崧追尊她为孝宁温穆庄惠慈懿宪天裕圣太皇太后，这也算是圆了朱翊钧立郑贵妃为后的一个梦想了，虽然这个梦想实现得有点晚。而与朱翊钧合葬的除了孝端皇后，另一位是孝靖皇后，她还是朱由检即位后，被追封后迁葬过来的。

走进定陵阴冷的地宫，面对三口巨大的棺椁，这凄婉的爱情故事，又怎么不让人感慨呢？假如朱翊钧地下有知，面对自己大力支持修建的美轮美奂的陵寝，旁边合葬的人却完全不是他朝思暮想的心爱的女人时，他又会有什么样的感慨呢？在他生前，他们的恩爱情合没有得到人们的认同，在他死后，他们两人合葬的梦想也没有得到实现，这不得不算是一个令人唏嘘的、凄婉的爱情悲剧啊！

万历皇帝及两后的姿势之谜

在发掘定陵时，考古学家们发现了一个极为震动考古界的惊喜，那就是朱翊钧和他的两位皇后的"葬式"，即尸体在棺椁内摆放的姿态特别奇怪。他们的葬式为何这么奇怪呢？又是什么原因导致的呢？

打开定陵地宫的棺椁，朱翊钧的尸骨就放在一条两边上折的锦被上。打开朱翊钧棺椁的考古学家发现，他的尸体或者准确来说应该称骸骨，正头冲西脚冲东地仰卧着。骸骨的面向上，头顶微微向右侧偏去，同时右臂向上弯曲，右手放在头的右侧，左臂略微内弯下垂，左手拿着念珠一串，放于腹部。骸骨的右腿稍微弯曲，左腿则是伸直开来，两脚也没有并起，而是向外撇开一些。

不仅朱翊钧的葬式奇怪，他的两位皇后的葬式也很奇怪。孝端皇后的尸体放在向两侧上折的织金妆花缎被上。骸骨也是头冲西脚冲东躺着，不过，她的面部是向右侧躺卧，左臂内弯下垂，左手放在腰部，右臂向下直伸。孝端皇后的足部也与朱翊钧的不同，她的足部是左足在上，右足在下，交叠在一起的。

孝靖皇后的尸体同孝端皇后一样，压住的被子也是两侧上折的织锦被。她的骸骨同样也是头冲西脚冲东放置，面部则是稍向右侧，不过，她的右臂向上弯曲，右手放在头下。而左臂内弯下垂，左手放在腰上。

之所以说朱翊钧及其两位皇后的葬式奇怪，是因为与资料中记载的传统的"仰身直肢葬"完全不符，这奇怪的葬式有什么含义吗？是受朱翊钧的示意，还是臣子的自作主张？是否与朱翊钧和郑贵妃凄婉的爱情有关呢？这些像迷雾一样，随着定陵的发掘而越加迷离。

另外，无论是朱翊钧，还是他的两位皇后，并没有像传说中那样尸身保存完好，反而尸体上的肌肉都已经腐烂掉了，只剩下骨架了，这一发现可以说是对历史传闻的一处纠错，具有重大的考古价值。除了这个意义重大的发现，还有一个惊喜就是明代皇帝葬式的资料从定陵发掘中得到了完善。一般来说，帝后死后以什么葬式入殓，一直都是秘不示人的，即使有极少数他们的嫡亲能看到，也不会将其形成文字，流传于世，所以定陵万历皇帝及皇后葬式的现世，填补了一个历史空白。

清东陵：江洋大盗和丢失的绝世珍宝

清东陵，作为清朝部分帝王和慈禧的陵寝，自然少不了奇珍异宝，然而，现在清东陵里面却空空如也，绝世珍宝被盗了。它是被谁盗走了？又藏在哪儿呢？这些问题又扯到了一个历史名人——孙殿英。

据说，1928 年 7 月 2 日，军阀孙殿英借名军事演习，秘密挖掘了清东陵慈禧墓和乾隆墓，将里面大批金银财宝盗走，使这些财宝至今下落不明。

民间传说，孙殿英并没有独吞，他用盗来的部分宝藏贿赂了上司徐源泉，以求徐源泉的重用。

徐源泉将得到的清东陵宝藏又藏在哪里呢？据说，这宝藏被他藏在武汉新洲徐公馆的地下密室中。

武汉新洲徐公馆位于新洲区仓埠镇，据说徐源泉为了建造这座占地面积达 4230 平方米、融中西建筑艺术风格为一体、极尽奢华之能事的徐公馆，耗资 10 万大洋。

之所以会传说徐公馆有宝藏，一是因为公馆建成后，徐源泉派出两个连的兵力进行保护。二是因为在"文革"期间，人们在徐公馆附近挖出了不少枪支军备。

联想到传说中孙殿英贿赂给徐源泉的清东陵宝藏，沉寂了 70 多年的清东陵宝藏历史悬案再度沸沸扬扬，事实究竟如何？清东陵宝藏真的埋在武汉吗？历史谜案等待我们探索。

清东陵大批珍宝被盗

清东陵是清朝的皇家禁地，在那里埋葬着自顺治帝起的五位帝王。清东陵在刚刚修建时，还处于清朝初期，那时清朝国力强盛，政权也极为统一，所以顺治帝便将自己的陵寝选在了呈虎踞龙盘之势、有王者之气的北京郊外。之后，康熙的景陵、乾隆的裕陵、咸丰的定陵、同治的惠陵均修建于此。虽然咸丰、同治时清朝已经处于衰败期了，可是乾隆皇帝在位时，尤其是在他中年时，清朝正处于巅峰，国库在雍正帝的大力治贪下，也极为充裕，加上乾隆帝本人极爱奢侈，所以在修建他的陵墓时，可以说是倾国之力，遍选天下精工美料，耗银200多万两，最终完成了堪称集建筑艺术精湛华美于一身、居清陵之冠的陵寝——裕陵。

虽然已处于清朝晚期，但仍统治近代中国长达半个世纪的西太后慈禧也将自己的陵寝定于东陵。慈禧的陵寝工程浩大，前后共花费白银227万两，持续修建了14年，直到慈禧死前才正式完工。她的陵寝金碧辉煌，甚至比皇宫紫禁城都奢华。

封土宝顶下的地宫是清东陵里最重要的部分，也是安放帝后棺椁的地方。所以虽然20世纪20年代的清东陵，几经土匪和军阀的劫掠，地面上各座陵寝里陈设的珍品被大量盗掠，而深埋于地下的地宫却并没有遭掠。

然而这份幸运止于一份神秘笔记。有关专家介绍说，晚清大太监李莲英口述，其侄子李成武执笔记下了一份笔记，起名《爱月轩笔记》。《爱月轩笔记》详细记载了慈禧地宫中陪葬的众多无价之宝：棺中有制价为8.4万两白银的金丝绵褥；制价2.2万两的绣佛串珠薄褥；估值达85万两的翡翠荷叶；估值16万两，铺珠820颗的陀罗经被；估价120万两的后身串珠袍褂。在慈禧尸体东南西北各放了27尊、共108尊的各种质地雕刻的佛像，其中有金佛，每尊重8两；玉佛，每尊重6两；翡翠佛，每尊重6两；红宝石佛，每尊重3两5钱。只这些佛像价值就高达62万两。除了这些佛像，还有两枚翡翠西瓜，约值220万两；4枚翡翠甜瓜，约值60万两；价值100万两的玉藕；价值53万两的红珊瑚树等围绕在慈禧的尸体边。虽然这些陪葬品价值不菲，但却无法与慈禧头上戴的那顶珠冠相比。另外，慈禧身上还填有约500粒的大珠，约6000粒的小珠，这些也估值22.8万两。总价值5000万两白银的慈禧陵寝珍宝，又怎么不招致盗墓者的垂涎呢？

盗墓者垂涎清东陵，原因除了慈禧陵寝内的珍宝外，还有皇帝的陪葬珍宝。

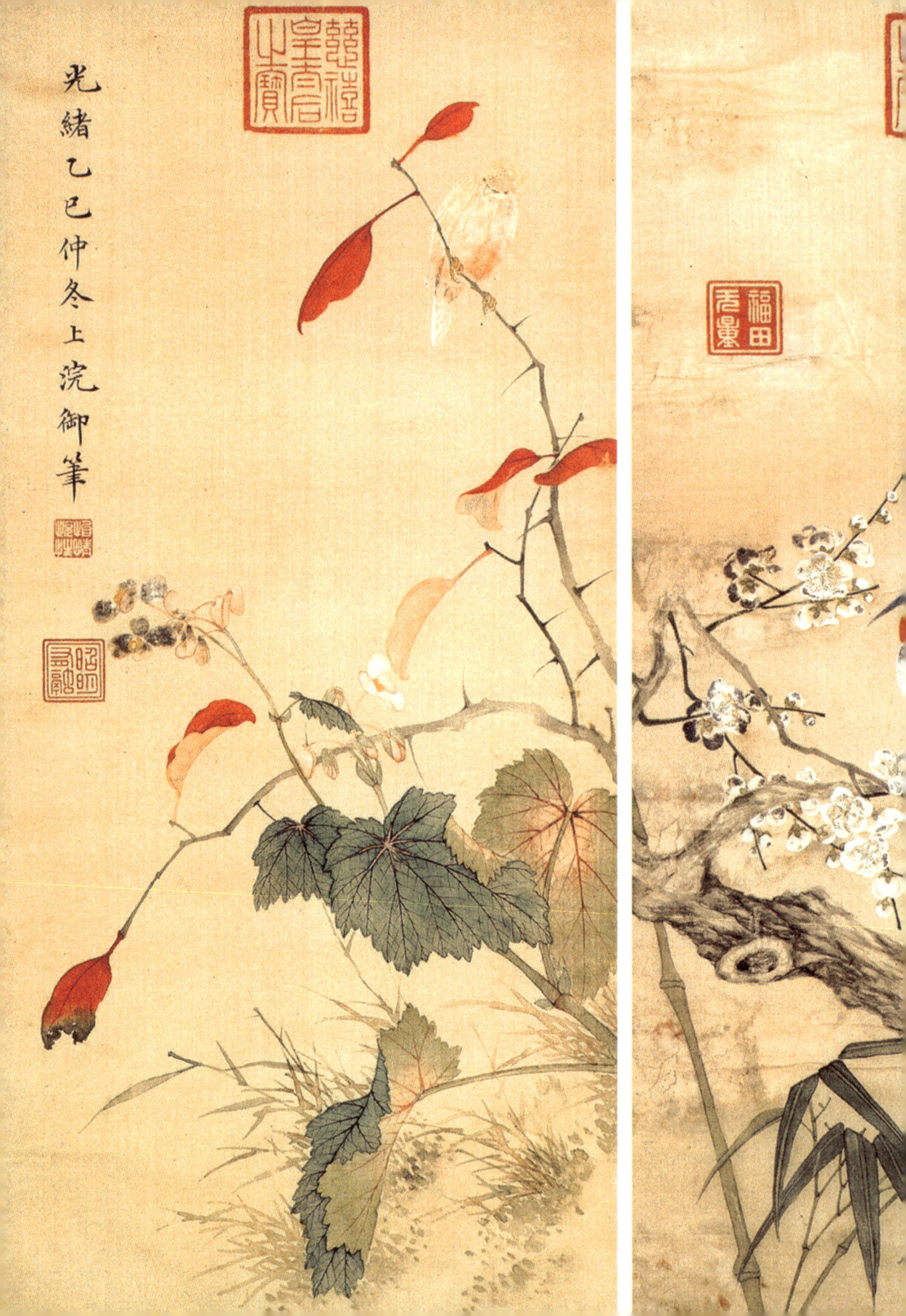

光緒乙巳仲冬上浣御筆

光緒甲午春正月御筆

慈禧太后御筆画

慈禧皇太后
御筆之寶

玉堂富貴四時春紫綬榮華
錦繡新裁忱佩來閒為雖賦
光緒改元精坤
陸潤庠敬題

慈禧皇太后山
御筆
光緒甲午春正月

光緒壬辰孟冬上浣御筆

濟禍一幅寫苔顏黛色多靈鶴自選三十六天春雨潤逢吳蔥莩與人間

陸寶忠敬題

慈禧太后御筆画

据《清史》中记载，清东陵内仅三大殿所用的叶子金就有 4592 两之多，内外的彩画上有 2400 多条金龙，64 根柱上都缠绕着半立体铜鎏金的盘龙，内壁雕刻上五蝠捧寿、万字不到头等图案，这些全都筛扫红、黄金，使金碧辉煌实至名归。

此外，清东陵的梁枋都是用木质坚硬、纹理细密的木中上品——黄花梨制成的，据说现在这种黄花梨木料已濒绝种，可谓寸木寸金。

李莲英的《爱月轩笔记》使孙殿英选定了乾隆的裕陵和慈禧的定东陵地宫作为首要盗掠目标。

孙殿英是谁？他为什么会有胆子盗掠清东陵？

孙殿英，河南永城县人，从小不务正业，长大后坑蒙拐骗，无恶不作，后靠勾结大批地痞流氓、贩卖大烟发家，成为一名军阀。1928 年，蒋介石南京政府军北伐，孙殿英挡不住攻势，在退到河北遵化一带后，投靠了蒋介石，从军阀身份一跃成为国民革命军第六军团第十二军军长。

孙殿英投靠蒋介石后，就驻守在遵化。他虽然加入了国民革命军，但仍不改土匪习气。所以在得知了李莲英《爱月轩笔记》的内容后，孙殿英率部于1928 年 7 月 4 日至 10 日，到达了清东陵附近，借口进行军事演习，把清东陵附近方圆 30 里封锁起来。就在他封锁清东陵那几天的时间里，附近的老百姓听到了无数次惊天动地的爆炸声。之后，人们发现清东陵里能拿走的珍宝消失无踪，显然，是被孙殿英洗劫了。

据说，早在盗陵之前，孙殿英就考虑到了如何将清东陵中埋藏的宝藏运出的问题，毕竟只挖出来不是他的目的，他真正想要的是拿走这笔宝藏。所以为了顺利运走这笔宝藏，孙殿英就以"体谅地方疾苦，不忍就地筹粮"为名，向遵化县征调了 30 辆大车，来运输他盗掘清东陵所得的宝藏。

当孙殿英的"军事演习"完成后，当地人就看到他的军队拉着这 30 辆大车从清东陵离开了。这 30 辆大车里装了多少宝物，没有准确的资料记载，不过根据清内务府的档案和李莲英的《爱月轩笔记》，我们完全可以想象得到。另外，这 30 辆满载而去的大车也从侧面说明了慈禧墓和乾隆裕陵的随葬品之巨。

除了极有收藏价值的宝藏，其他的金银财宝对于孙殿英来说还不如大洋实际，所以盗掘清东陵得到里面埋葬的宝藏后，他便想要销赃了。因为没有很好的销赃门路，所以孙殿英只能派师长谭温江等人潜入北平，暗中委托古玩商黄百川代销珍宝。可能因为他们对销赃这行不熟悉，谭温江的赃物被北京卫戍司令部截获了。

除了北京卫戍司令部截获了他们的赃物外，8月4日，青岛警察厅侦探队在大港码头缉获了孙殿英部的逃兵张岐厚三人，青岛警察厅侦探队队员从张岐厚三人的身上搜获了36颗宝珠。在讯问中，张岐厚如数交代了有关这些宝珠的信息，他说他们一共有46颗宝珠，少的那10颗宝珠被他在天津以1200块大洋卖了。青岛警察厅侦探队队员问他这46颗宝珠从哪里得来的，他说这些宝珠都是他在慈禧地宫里捡到的。

想想，三个普通的士兵都能拥有46颗宝珠，那么连、营、团、旅、师、军长可以得到的宝物又得有多少呢？

与此同时，国民政府内务部接收大员宋汝梅被人在遵化截获，当时他随身就携带着24尊铜质佛像，以及10块乾隆所书用拓印条幅。

在孙殿英名为军事演习、实则盗墓案发的两个多月后，他向第六军团总指挥徐源泉上缴了自清东陵所得的文物，其中有金镶镯、红宝石、蓝宝石、碧玺、汉玉环、翡翠、红珊瑚龙头、花珊瑚豆、玛瑙双口鼻烟壶、白玉鼻烟壶等300余件。由他上交的赃物来看，称他为"东陵大盗"可谓名副其实。

盗墓案发，孙殿英破财免灾

孙殿英为什么要上缴赃物？虽然只是一部分，但那也损害了他的切身利益。孙殿英盗掘清东陵的恶行被全国人民知道，人们对此一片哗然。

1928年8月5日，路透社以醒目标题披露了这一丑闻。8月6日，全国各大报社均予以转载。盗墓案惊现后，全国许多民众团体纷纷电请国民政府，呼吁究查主谋。

然而，就在政府迫于民情派大员进行调查时，孙殿英坦然自若地以十二军军长和案情以外的"第三者"身份，向第六军团总指挥徐源泉递交呈文，为谭温江辩护，呈文上罗列了作为盗陵要犯的第八师师长谭温江与盗陵案绝无关系的种种理由。

徐源泉看了孙殿英的呈文后，写信给孙殿英，告诉他逃脱责任之法，信中的意思是这样的：你这次办事太过莽撞，冒天下之大不韪，各方已经大哗，我也难以一手遮天，进行庇荫。如果想逃脱这次的罪责，关键人物你们都要设法疏通，至于行与不行，就要看你们的手段了。你们这回掳获不少珍宝，外面甚至传说有几万万，你要想风平浪静，就要下大本钱，不光关键人物要打点，甚至连各军团长、各军长门前也要设法打点到。只要他们打点好了，不对你群起而攻，民众方面再闹腾，也是能压住的。

　　孙殿英虽然贪心，但他对徐源泉的话还是极为听从的，所以他从自己盗取清东陵的宝藏中取出一部分，用于贿赂国民党高官。其中他送给蒋介石一批珍贵的文物，里面甚至还包括一柄九龙宝剑，剑面上嵌有九条金龙，剑柄上嵌有宝石。送给何应钦的也是一把宝剑。至于特务头子戴笠，他则下了大本钱，送给他乾隆颈项上的一串朝珠中两颗最大的朱红色的珠子。他送给宋美龄一颗慈禧嘴里含的夜明珠，这颗夜明珠最为珍贵，打开时是两块，而合拢后是一个圆球。分开时夜明珠是透明的，没有任何光亮，可是，当将它合拢后，这颗夜明珠就会发出绿色的寒光，使人在夜间能看到百步以内的头发丝。

　　除了这些巨头，孙殿英送宋子文一个翡翠西瓜，那是慈禧的枕头。送给孔祥熙和宋霭龄两双朝鞋上的宝石，送给阎锡山的是十分受他欢迎的价值50万元的黄金。

　　在孙殿英大方地赠送后，以津卫戍司令阎锡山组织的军法会审，虽然有商震为审判长主持其事，也不过逢场作戏，最后不了了之。

　　蒋介石并不喜欢孙殿英，主要由于其出身臭名远扬的杂牌军，孙殿英要贿赂政府要员，只能通过他的上司徐源泉。因此从某种意义上讲，他的小命是徐源泉保下来的。仅仅为打通关节，孙殿英就送了那么多珍宝出去，可想而知，为了报答徐源泉的救命之恩，孙殿英又送了多少清东陵宝藏给他，可以说，孙殿英将大部分清东陵财宝都送给了他。

　　徐源泉得到清东陵财宝后藏在哪里呢？人们将目光投到了富丽堂皇的徐公馆上。于是，徐公馆中密室藏宝的传言就此传开，久居武汉的人更是对此深信不疑。

大清國慈禧皇太后

慈禧太后

木质"慈禧皇太后之宝"

迷雾重重的徐公馆

新洲原来叫新洲县，距离武汉三镇最近的汉口有100多千米，直到1994年，新洲县并入武汉市，成为新洲区。仓埠街也是在新洲县并入武汉市之后改名的，它原来叫仓埠镇，距离新洲60余千米。

徐源泉并不是生于仓埠镇，而是生在距离仓埠还有一段距离的武汉市郊的黄陂区。1931年，徐源泉斥巨资在仓埠修建了徐公馆，以庆祝母亲七十大寿。当时徐源泉与蒋介石意见不合，矛盾颇尖锐，于是萌生辞官回家的想法，所以他将公馆命名为"退园"，暗寓引退之意。

然而，后来徐源泉并没有"解甲归田"，在徐公馆中安享余年，而是依旧担任着集团军总司令的职务。这座"退园"就一直由他的家人居住着，他则住在位于武昌的小洪山将军楼里。

"文革"时期，有人在徐家公馆附近挖花坛，结果挖出了一条不断冒出腾腾水气的地道，这条地道深可过人，联系到孙殿英的贿赂，就有人猜测徐源泉将收到的清东陵财宝埋藏在此。众人怀疑地道下可能有机关和毒气，当时就没敢下去。后来红卫兵挖掘徐公馆地道时，发现一个冒着大量白烟的砖砌的地洞口，因怀疑这些白烟有危险，所以就用土回填了地道。

1994年，为保护历史遗址，新洲文物管理所副所长胡金豪带人维修了徐公馆，不过这次维修只是加固了外墙，保证公馆楼不倒塌而已。在维修过程中，"文革"时挖掘的地道洞口又被掘开了。因为洞口仍有大量白烟冒出，地道里仍有水，维修工便要求订立生死协议才肯下洞，但这一要求并没有被批准，所以清东陵宝藏是否在里面，仍是个谜。不过有人说，清东陵宝藏如果真的在里面，那么这些白烟很可能就是人为设置的甲烷，为了防盗，孙殿英肯定会告诉徐源泉怎样利用甲烷。

虽然地洞冒白烟很奇怪，但是，在徐公馆里还有更奇怪的。那就是里面美轮美奂、外观雄浑壮丽的徐公馆，一打开主体楼的大门，就会让人立即感到一阵寒气扑面。据测量，无论春夏秋冬，公馆室内温度都比室外大概要低5℃。是什么原因造成这一奇怪现象？联想到宝藏，人们不禁想到了玉石。据说玉石是"土冰箱"，可以降室温，然而能达到像徐公馆这种降温效果的玉石，可不

清代王致诚《万树园赐宴图》

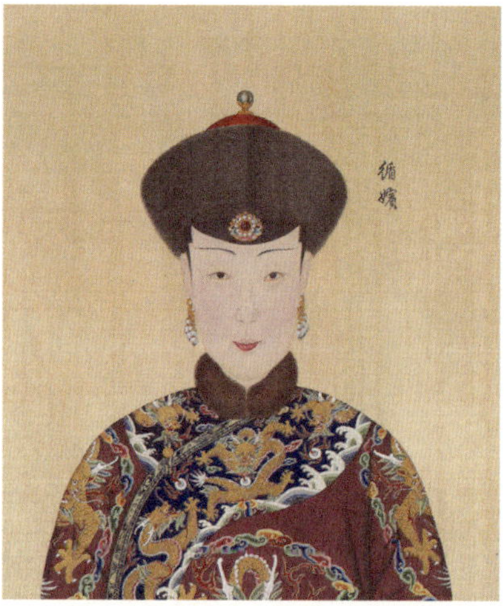
循嬪

順妃

惇妃

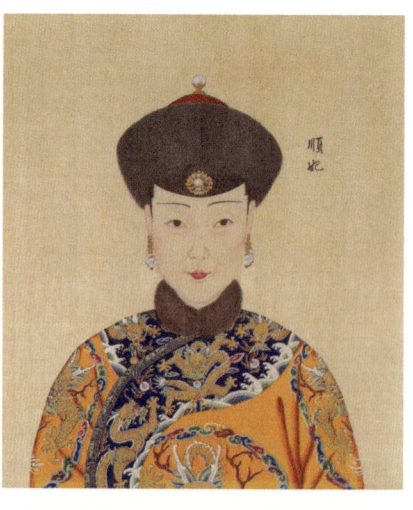

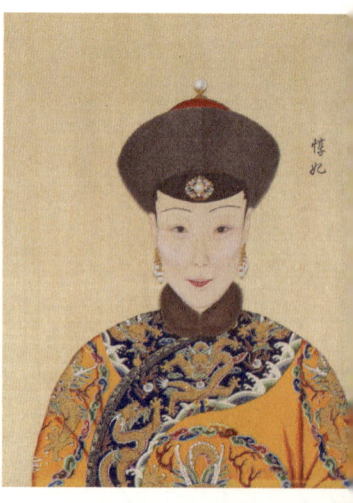

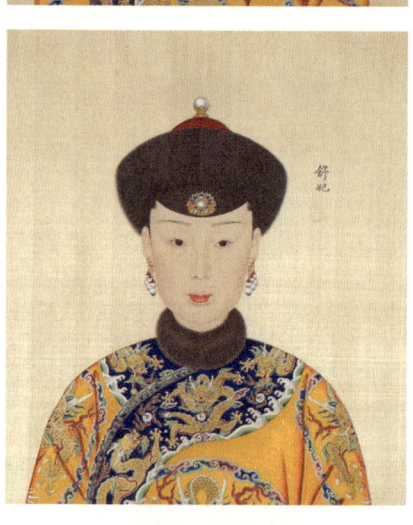

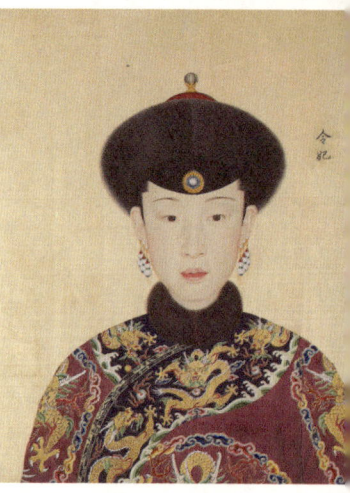

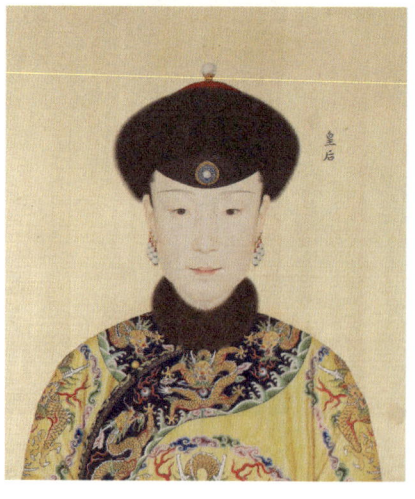

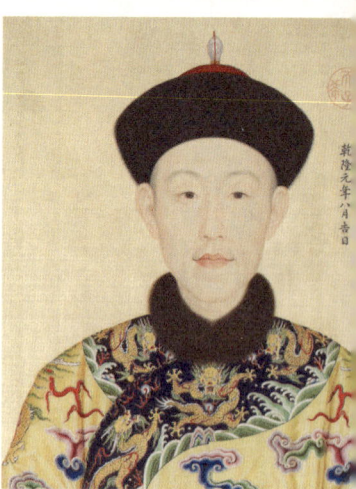

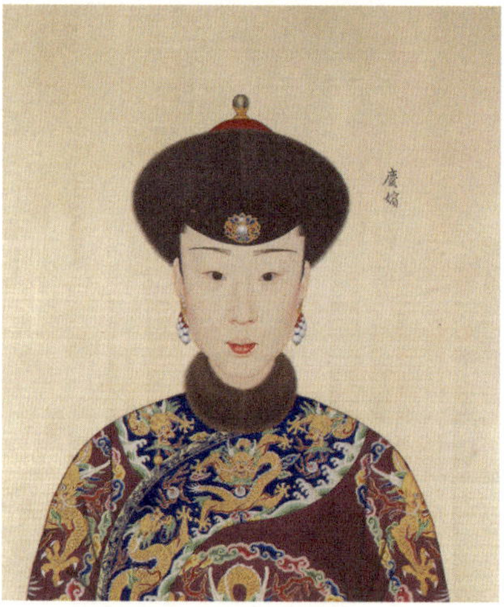
慶嬪

舒妃

令妃

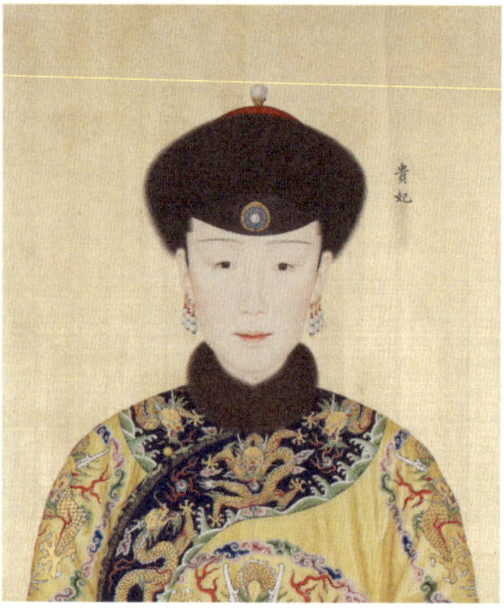
貴妃

皇后

乾隆元年八月吉日

清代郎世宁 乾隆帝、后、妃像卷 克利夫兰美术馆 52.9厘米×688.3厘米

是小数目。不过徐公馆用玉石造墙只是人们的猜想，毕竟从外观上，根本无法得知墙壁是否有玉石。所以地洞冒白烟，人们可以推断是甲烷导致的，温度差的问题却一直无解。

徐公馆还有一处奇怪的地方，那就是密室。公馆东厢房下的密室仅几平方米，密室里面空无一物。密室不止墙上也没有糊上泥巴弥缝，甚至有一面墙的砖还参差不齐，似乎是临时砌上去的墙壁。1994年，胡金豪为了揭开徐公馆的埋宝之谜，曾来到徐公馆东厢房下的密室，细细敲打过密室的每一面墙，查看里面是否藏有机关，然而并没有什么发现，后来由于种种原因，胡金豪没有做进一步的调查，徐公馆宝藏之谜也就继续流传下去。

徐公馆有宝藏，这个传言流传了不只是一时，虽然之前也挺火，但真正到高潮还是在2001年。2001年2月中旬，武汉新洲仓埠镇来了一位自称是西北某大学历史系教授的人，他要求考察徐公馆，探访东陵宝藏的下落。"教授"临走时透露说："徐源泉可能将财宝埋在徐公馆的地底下。"新洲的媒体因此评论说"东陵宝藏"事件因"西北某大学历史系教授"的到来而再次轰动。然而时隔一个月后，西北有关高校出面否认曾派出教师去武汉考察。这位来历成谜的"教授"的考察事件，使徐公馆的藏宝又添加了几分神秘色彩。

说法不一的藏宝证言

不管考察人是谁，人们只想知道，徐公馆有没有清东陵宝藏。对此疑问，文物专家组对徐公馆和徐源泉的亲属、街坊进行了多次仔细地寻访，然而寻访结果却让文物专家组成员大失所望。不过，人们并没放弃，如时任新洲文物管理所副所长的胡金豪就在1994年9月18日，走访了徐公馆曾经的女佣，当时已93岁高龄的袁一全（现已去世），做了现场笔录。

袁一全回忆说，徐源泉是孙殿英的顶头上司，在孙殿英盗了东陵案发后，帮孙殿英消了灾，徐源泉也因此发了财，所以他拿出大笔钱修建了徐公馆，盖房的砖甚至用的是武昌城墙上的砖，可见徐公馆的奢华。

另外，袁一全还向胡金豪提供了一条令人生疑的线索：公馆建成后，徐公馆附近枪毙过许多人，罪名不清楚。后来有人就怀疑当时被枪决那些人是建造徐公馆的工匠，他们被灭口，是因为徐源泉想防止他们泄露清东陵宝藏的秘密。

除了袁一全，60多岁的夏名老人向胡金豪转述了他父亲的说法：夏家当时与徐公馆相邻，1931年6月15日，红军打下仓埠时，将富人的财产分给了穷人，夏家因此分得徐公馆的一个明代花瓶。但是红军走后，徐家又要回了被分走的财物，所以徐公馆并没有多大损失，如果有宝藏，那么还应在徐公馆内。

林庚凡老人世代居住在新洲区仓埠街，他向胡金豪提供了另一种说法：他是徐源泉姐姐的养子。他记得，自己10岁时曾到徐公馆玩耍过。那时徐公馆富丽堂皇，他玩耍过的地道里也有很多值钱的宝贝。他印象比较深刻的是徐源泉的妻子当时甚至有一顶金光灿烂的凤冠。

胡金豪还走访了居住在黄州的徐钧武，他是徐源泉的儿子，据他回忆：抗战胜利后，父亲就卸甲还乡，住在了武汉市区。1948年，父亲到广州开会，写信让他去，去了他才知道，父亲决定不回武汉居住了。1949年，父亲飞去了台湾，当时因为情况紧急，并未带多少行李。对于财宝的事，徐钧武回忆后认为，徐源泉没有向他嘱咐过，因此他推断徐公馆藏宝存在的可能性不大。虽然徐钧武如此认为，但是他的这段证词间接证明了这样一个推断：1948年徐钧武去武汉见徐源泉时，国内的战事基本处于相持的状态，所以徐源泉并没有安排财产转移。1949年，徐源泉飞往台湾时轻装便行，说明他的大部分财产都留在了大陆。那么这些财产藏在哪儿呢？最好的地点自然就是精心修建的徐公馆了。

虽然胡金豪做了大范围的调查、研究和走访，但是走访结论却让宝藏之说更加扑朔迷离。其实揭开徐公馆藏宝之谜，以下几点一定要核实清楚：孙殿英是否将大部分东陵宝藏送给了徐源泉？在徐公馆建成到1949年徐源泉离开大陆，这一时间内他是否将宝藏转移？徐源泉是将清东陵珍宝藏于某一处，还是一直就带在身边？这些疑团如果解开了，那么徐公馆宝藏之谜也就大白于天下了！

第二章
古城宝藏

金沙遗址：两台挖掘机解开的千年秘密

2001 年 2 月 8 日，在成都市西郊苏坡乡金沙村，某房产开发集团正利用两台挖掘机进行现场施工，却不想挖出了沉睡了 3000 年之久的遗迹——金沙遗址，此次考古发现可谓"一醒惊天下"。

金沙遗址是世界上同时期出土古代象牙集中的遗址之一，是出土金器、玉器数量巨大的遗址之一，也是四川省继广汉三星堆之后重要的考古发现之一，更是 21 世纪中国第一个最为重大的考古发现。

金沙遗址的重大发现，将成都有文字可考的建城历史向前推进了 700 年左右。遗址中出土的文物不管是数量还是质量都相当令人振奋，其玉戈、玉瑗的出土更是表明，金沙文化与黄河流域文化和长江下游的良渚文化存在某种深刻联系。然而如此重要的金沙城，为何历史上却没有相关文字记载？或许，随着考古研究的深入，我们将找到答案。

敲醒沉睡的"金沙"

据相关史料记载，秦惠王后元十四年，秦国大夫与蜀郡守张若主持修筑了成都城，这一年，被后人定为成都城的诞生之年。其商业街出土的大型船棺，成为开明蜀国在成都城区的重要标志。

金沙遗址已经清理出来的 1000 多件珍贵文物，包括金器、玉器、铜器、石器和象牙器，还有数量庞大的象牙和陶器等。其中金器类文物数量有 30 多件，具体有金面具、金带、圆形金饰、喇叭形金饰，除了金面具造型与广汉三星堆遗址出土的青铜面具在风格造型上基本一致外，其他的则为金沙所特有。其中最值得一提的是太阳神鸟金饰，此金饰于 2005 年 8 月 16 日正式成为中国文化遗产标志。不久，绣有太阳神鸟金饰图案的蜀绣制品更是搭载"神舟六号"飞船随同宇航员一起遨游太空。出土的玉器文物与铜器文物各400多件，石器文物170多件，象牙器文物仅有柱状形象牙器这一类，但数量也达40多件。同时，出土的象牙数量可观，总重量近1吨。此外，还有大量陶器。

这些文物所处时代，绝大多数属于商代晚期和西周早期，只有少部分属于春秋时期，这些文物每一件都价值连城。

据考古专家鉴定分析，这1000多件文物大部分都属于具有特殊用途的礼器，应该是当时蜀地最高统治阶层的陪葬品，这些陪葬品风格与三星堆出土的文物有差异，但也有相似性，存在差异的原因可能是因为年代或遗存性质不同，相似性则表明金沙遗址与三星堆有着较为密切的渊源关系。

金沙遗址重大发现，再次改写成都历史和四川古代史。它揭示的是过去文献完全没有记载的珍贵资料，把成都建城史往前推进700年左右——由距今2300年推进至3000年以前。

蜀都的"太阳神鸟"

2001年2月25日上午10时许，经过长达十多天的考古挖掘，在成都近郊的金沙村，一件非常特别的金饰——"太阳神鸟"被挖掘出土。太阳神鸟的出土纯属巧合，出土过程也相当曲折。刚出土的时候，金饰被揉成一团，在考

东汉青铜镜

古工作者严谨认真地记录之后，金饰被小心地复原展开，上面刻画的"太阳"和"鸟"的图案清晰地呈现了出来。同时还出土了大量金器和玉器，这足以证明此金饰极有可能是古蜀国作为祭祀礼仪用的法器，是当时举行盛大祭祀活动时遗存下来的宝物。

关于"太阳神鸟"，当地还盛行着这样一个传说：很久之前，古蜀国有一个叫金沙的神奇部落，那里鸟语花香，四季如春，物产丰富，百姓安居乐业，部落充满祥和与安宁。可是有一天，太阳消失了，整个金沙瞬间陷入黑暗之中。人们赶紧请来部落里的四大长老，希望他们能寻回太阳。第一天，四大长老来到了一片森林，月亮出现在了他们面前，月亮给了他们一个盒子，并告诉他们："太阳是被大巫师抓走的，要想找回太阳，就必须打赢大巫师，当你们碰到大巫师的时候，就拿出月亮宝盒，它会帮助你们打败巫师的。"说完，月亮就不见了。第二天，四大长老来到了一座高山上，这次他们又看见了星星，星星拿出布袋子送给他们，并让他们在打开月亮宝盒之前打开它。说完，星星也不见了。到了第三天，他们来到了金沙河边，发现大巫师和太阳就在那里，他们立刻打开星星给的布袋，两道强烈的金光瞬间射向大巫师的眼睛，大巫师被金光刺得睁不开眼。紧接着，四大长老打开月亮宝盒，只见四条金绳立马出现在了他们的手上。他们拿着金绳从东南西北四个不同的方向朝大巫师扔了过去，大巫师被金绳困住，任凭他怎么挣扎也无法动弹。最后，大巫师被制服，太阳得救，四大长老为了保护好太阳不再让其受伤害，幻化成四只美丽的太阳神鸟，时时刻刻守护着太阳。太阳也发出 12 道金光，照耀在神鸟身上。金沙人为了纪念四大长老，于是雕刻出了"太阳神鸟"金箔，并制作大量金器、玉器、铜器随之一同埋入土里，让后代子孙铭记这段历史。

"太阳神鸟"金箔饰外径 12.5 厘米，内径 5.29 厘米，厚度 0.02 厘米。形状为圆形，采用镂空方式表现，外层图案为 4 只飞鸟手足相连，围绕着太阳旋转飞翔，中心的太阳则向四周喷射出 12 道光，体现了古蜀国精湛的工艺技术水平。

金箔中有 4 和 12 这一数字组合有其寓意。处于外层的 4 只逆向飞行的鸟代表着一年四季春夏秋冬的轮回转变，内层的 12 道等距离分布的象牙状弧形旋转芒纹则代表一年 12 个月周而复始。同时，中间旋转的火球，象征着太阳。

在中国远古神话传说中，关于太阳的故事不少，大量的考古资料也证实中华民族自古就有对太阳崇拜的习俗。他们认为太阳运动需要借助于鸟的飞行，所以古人常常把太阳和鸟联系在一起。比如出土于河姆渡遗址中的"双鸟负日"骨雕和"双鸟朝阳"牙雕，还有满城汉墓出土的鸟衔太阳铜灯等。在出土的跟太阳崇拜有关的文物中，"四鸟绕日"金饰图案当属最上乘之作，其线条优美流畅、构图精巧严谨，寓意深刻、韵味十足，是中国古代人民深刻的哲学宗教思想与高超智慧的结晶。

自古太阳代表阳性，月亮则代表阴性，古人讲求阴阳相调。所以，考古专家们猜想，如此精美的太阳神鸟金饰应该不是孤立存在的，而是一个图案的组成部分。如果这一猜想正确，那与太阳神鸟相对应的阴性饰品到底是什么呢？

关于月亮的神话，最早在《山海经》《楚辞》《淮南子》中有相关文字记载。古人往往将月亮与某些生命体相联系。例如《淮南子》中就有"月中有蟾蜍"，"托身于月，是为蟾蜍，而为月精"，大致因为蟾蜍属于夜间活动的动物，而月亮也是晚上出现，于是古人就将二者联系了起来。

在广西就出土了这样一个铜鼓，鼓面中心刻有十二芒的太阳纹，外面则是一圈翔鹭纹，最外围是四只立体的蟾蜍和两个骑士。考古专家将其与金沙遗址出土的太阳神鸟金箔相联系，极有可能揭开"四鸟绕日"金饰是拼图一部分的谜底——太阳神鸟金箔应处于拼图组合的中央，在它的四周等距排列着四只或者更多蛙形金箔。太阳神鸟象征着古蜀人对于太阳的崇拜，蟾蜍则象征他们对月亮的崇拜，从中不难发现古蜀人当时已经掌握了丰富的天文知识。

埋藏于巴蜀的千古疑云

金沙遗址是迄今为止我国西南地区同时期规模最大的木结构建筑基址，祭祀遗迹众多，出土文物数量庞大种类丰富。但历史上关于金沙遗址这座城市却没有相关文字记载，跟这座宫城相关的记忆也被抹得一干二净。随着遗址的挖掘以及对相关文物的鉴定，埋藏于巴蜀的千古疑云是否能够解开？

象牙如意

太阳神鸟金箔片

象牙雕龙

1. 古蜀人与良渚文明有何渊源？

金沙遗址共挖掘出 1400 多件玉器，其中玉琮有 24 个。玉琮在原始宗教活动中一直被当作法器，其形状外方内圆，代表沟通天地、人和神的器物，象征古人天圆地方的朴素宇宙观。在这 24 件玉琮中，有一个"玉琮王"，重达 3918 克，高约 22 厘米，翡翠色，雕刻精细，其表面的微刻花纹和人形图案，实属一绝。据考古学家证实，这件玉琮应是良渚文明的产物。良渚文明距今大约 4800 年，发源于浙江余杭，玉器是其文明的精髓所在，良渚文明的玉器达到了中国史前文化的最高峰。随着良渚文明的衰落，其玉器四处流散，这件价值连城的玉琮王，大概也是在流散过程中辗转流落到了古蜀金沙。金沙人将其作为重要祭祀场合所用的法器，这或许是受了良渚人的影响。难道早在几千年以前良渚人与金沙人就存在着某种渊源？又或者古蜀人就是良渚文明的一支？

2. 成都平原曾有象群？

金沙遗址出土的象牙重量达到近 1 吨，经过鉴定，属于亚洲象。在生物学上，现代象仅分为亚洲象和非洲象。亚洲象只有雄象才有象牙，每头两根，非洲象则雌雄都有。依此来看，金沙遗址中出土的这 1000 多根象牙应该取自 500 多头亚洲雄象。现代亚洲象主要集中分布在南亚与东南亚一带，如印度和孟加拉国。排除如此数量庞大的象牙是从外地运输回蜀国的假设，其存在的另外一种可能性就是：温暖湿润的成都平原上曾有大象生长繁衍？

人们常常用"三十年河东，三十年河西"来感慨世事变迁，而金沙古城对于成都，则可谓"三千年东，三千年西"。如此灿烂的金沙文明，为何竟无任何相关文字记载？相信随着考古挖掘的不断深入，有些谜团可能就随之解开了。

黄金项链

青玉方鼎式炉

马陵山十字坡：传说中的"十八池金子"

马陵山，也被古人称作陵山、马岭山，是我国著名的自然人文景观，地跨临沭、郯城、江苏新沂三县。整个山体连绵起伏长达数百里。北起临沭县曹庄，经郯城县、东海县、新沂市，南至宿迁境内的骆马湖边。马陵山属于低山丘陵，地势北高南低，最高山峰海拔184.2米，其中主要隆突的山体位于郯城境内，而主峰则处于新沂市境内。

马陵山由峰山、斗山、虎山、奶奶山和黄花菜岭五座山共同组成，当地人也形象地称其为"五姊妹山"，其主峰为峰山五华顶。历史上这里曾发生过齐魏马陵之战，水浒中的著名人物孙二娘便在此座山招夫开黑店。唐代文学家柳宗元曾写道："游之适，大率有二：旷，如也；奥，如也。如斯而已。"也就是说名山胜迹最好是具有开阔和幽深这两个特点。而马陵山正是符合"游之适"的极佳旅游胜地。

民国时期，马陵山还有山东土匪藏宝的传说故事。那么，马陵山此地是否如同传说那般埋藏有"十八池金子"呢？

十八池金子

《水浒传》第二十七回"母夜叉孟州盗卖人肉，武都头十字坡遇张青"，里面提到的孙二娘，在现实生活中确有其人。相传，现实版的孙二娘娘家在孙塘村，孙塘村的人对于孙二娘这个人物可谓无人不知，大人小孩都会唱"大树十字坡，客人谁敢那里过？肥的切作馒头馅料，瘦的丢了去填河"。孙二娘曾在此生活过的痕迹至今仍被村民们拿来津津乐道：那树下的凉亭，曾是孙二娘卖茶的处所；那清澈的泉水眼，曾是孙二娘取水做饭的地方。孙二娘泼辣直爽的性格以及处事作风也被当地百姓所熟知。正如《水浒传》中所描写的："系一条鲜红生绢裙，擦一脸胭脂铅粉，敞开胸脯，露出桃红纱主腰，上面一色金钮。"

北宋年间，孙二娘在马陵山开客栈，客栈因其包子味道鲜美而远近闻名。孙二娘的丈夫叫张青，江湖号称"菜园子"。一日为躲避官府缉拿，闯进十字坡客栈。不想，被孙二娘父女合力击败。但孙老东家见张青为人诚实可靠，便有意招他做自家的上门女婿。后来，孙二娘与张青结合，在村东北的十字坡做起了生意——开黑店。他们利用蒙汗药麻醉客人，杀人越货，以此谋生。夫妻二人后巧遇武松，随之上二龙山，临走前准备将之前做生意所积攒的大量金银珠宝埋藏起来。为此二人将宝藏分成 18 份，然后雇用农夫连夜埋在村里双山峰下的指定地点。而这些被派去埋宝的人，为避免走漏风声，埋完后就遭到灭口。

孙二娘后来上了梁山，后随宋江征讨方腊时，不幸阵亡。

孙二娘与张青最终客死他乡，然而，十八池金子具体所埋的位置随着当年知晓之人的丧命而难以得知，但关于"双山一对直，一溜十八池"的说法却日益流行。

受藏宝传说的影响，许多年来，马陵山一直难以清静。

土匪藏宝的传说

孙二娘是否真的在马陵山开店？神秘的马陵山是否真的埋藏有十八池的金

汉代玉猪

金锭

金马鞍

金杯

子？在 1168 年的郯城大地震中，与孙塘村相关的历史资料不幸丢失了，这一个个疑问现在已经无法考证。然而，关于马陵山的宝藏一说不止跟孙二娘有关，还与民国时期发生的匪乱相关。

在山东的郯城就流传着这样一种关于土匪藏宝的传说：郯城劫匪的宝藏藏在 9 个大缸子、10 个坛子里面。有人说就藏在城里，有人说藏在山里。

自民国以来，山东地区土匪活动猖獗，匪患严重扰乱社会秩序，威胁地方治安。当时的北洋军阀地方派针对匪乱展开了一系列的打击活动。历任督府官员都把剿匪作为任上的一件大事来做，只是剿匪结果总是不尽如人意。

1918 年 6 月，张树元任山东督军，时间前后长达一年半。在此期间，山东匪乱异常猖獗，济南、济宁、东临都是土匪长期出没活动的场所。张树元采用了多种剿匪方法，其中最突出的剿匪措施就是清乡：调查户口，按户搜查，清查枪械等。同时，他还筹措省际联防，维护河务路政，以此防止土匪窜逃。另外还不惜拿出重金悬赏捉拿匪首。

那时，顾德林算是山东当地赫赫有名的土匪，其势力极其猖獗。1918 年夏，其手下人数就已经达到了 2000 多人。其间，李德厚到山东招抚土匪，顾德林受到招抚以后，李德厚将其麾下土匪编成了三个营，并称"振武新军"。后来因为索要军饷不遂，于是顾德林密谋叛乱，夜占晏城车站，张树元闻讯立马奔赴晏城，进行镇压，顾德林所率队伍死伤甚多。最后官兵共击毙土匪 200 多人，捕获 20 多人，缴获枪炮几十支，顾德林逃跑。顾德林所率领的这支匪队被剿灭了，但是匪队之前四处搜刮来的巨额财富还有那些赎金却不明去向。

那个时候土匪常在临沂西南乡和郯城的西北乡一带活动，也就是今天的苍山平原地区。这一带政府统治力量薄弱，关于顾德林匪队埋藏遗留下来的宝藏一事，当地古钱币研究者张锦贵对此倒是深信不疑。张老先生的父亲曾这样描述过："有天晚上吃过晚饭，我到村边玩耍，不想到了村西的那片杨树林旁边。当时天色渐渐暗了下来，四周一片寂静。就在这个时候，我听见巨大的马蹄声。当时的山东匪患十分猖獗，想到曾听人说那些被官兵打溃的土匪逃到了我们这片，我不免害怕了起来。我正准备赶紧往家里赶，却不想刚刚过来的匪队冲进了杨树林，我被吓得躲到树后面不敢出来。只见他们在土里迅速挖了几个深坑，然后把一些缸子给埋了进去，随后用土填埋封好，还在上面铺些杂草作为掩饰。匪队在完成这一系列的动作之后迅速离开，径直朝马陵山的方向跑了。我当时还小，心里并没有财宝的概念，匪队离开后，我也赶紧跑回了家。"

张锦贵父亲所描述的亲身经历，不由得让人联想起顾德林的那支匪队。是否因当时官兵追剿厉害，匪队身上的巨额财富又无处放置，于是就选择埋在了村边的杨树林？后来郯城地区进驻官兵加强防守，残存的匪队也被剿灭，于是，这批宝藏就一直深埋此地，无人提及。

福兮祸所伏

受宝藏传说的影响，孙塘村一直不得清静，众多寻宝者慕名前来，最后却是一无所获。清末民初，当地有一个叫谢松年的人，村里都叫他谢二胖。谢二胖是个孤儿，少年时父母就已经双亡，村里人看他可怜，时不时对他进行一些接济。但总的来说，他的日子过得还是相当清苦。

谢二胖以放猪为生。这天，他来到十字坡下面的北沟底放猪，放着放着，一不小心就睡着了。这在平常可是不会发生的事情，但那天二胖实在是太累了，一不小心，就睡了过去。一觉醒来，发现天都黑了。他懒懒地伸了下腰，打了个哈欠，猛地一个激灵，吼道："猪呢？我的猪跑哪去了？该死的，我怎么睡着了啊！"于是他马上起身，眼含泪珠，朝四周望了望，发现猪就在不远处，围成一团，不知道在拱什么。他仔细数了数，松了一口气："还好，一只不少。"

接着，他掏出了一支鞭子，准备赶它们回家，但奇怪的是，这群猪怎么赶都赶不走，甚至用鞭子狠狠地朝它们身上抽了几鞭子还是不肯走。于是，他往前看了看，发现这群猪同时在拱一个坑，二胖心想："这下面肯定有什么东西，不然这些猪怎么会如此齐心。"他握紧手中的鞭子，狠狠地朝猪身上抽了过去，这下，猪终于怕疼了，马上闪开。二胖赶紧往前看了看，发现刚刚猪在拱的那个坑里面放着一个箱子，看这样子，估计有些年头了。用手一敲，还很结实，只是上面的锁已经锈迹斑斑。按捺不住心中的疑惑，他随手举起块大石头砸了下去。这一砸可不得了，砸出了一箱子的金子。谢二胖头一次见到这么多金子，他先狠狠地掐了自己一下，"痛！看来我不是在做梦。"然后，又拿起了一块金元宝，一口咬了下去，"很硬，很沉，看来这也是真的。"当验证完这一切都是真实的之后，他惊得倒在了地上，半天不能动弹。

就这样，二胖发了财，莫名其妙多出来的金子算老天爷对他的赏赐吧！村里人再不叫他二胖，而是尊称其名：谢松年。谢松年发财后并没有忘记那些曾接济过他的村民，拿出一点钱财以报前恩。但村中的大多数人对谢松年的暴发一事存有妒忌。

发了财的谢松年，娶了城里的大户人家的小姐做媳妇儿，不仅如此，还续了四房姨太太，日子过得还算惬意。可是，好景不长，姨太太们互相争风吃醋，正室上吊自杀，正室的娘家一直觉得是谢松年逼死了他们的女儿，而且这些年对谢松年续姨太一事耿耿于怀，一直想找机会修理他。家里鸡犬不宁，外面也不太平。县长自从听说谢松年是靠挖金意外发财的，对此觊觎良久。种种内忧外患，谢松年没过几年好日子，家里连出人命官司，最后因莫须有的罪名在南京被国民政府判处死刑，还未等到枪决就自己服毒死于狱中。

谢松年死后，家人将其埋于当年挖到金子的地方。1967年，他的墓穴遭人破坏，当年负责挖掘坟墓的孙塘村的一位老人回忆说："尸体被挖出来的时候，没有一丝腐烂，摸起来还很软，就跟刚死的一样，只是皮肤发紫，可以判断应该是中毒死的。"谢松年因一池金子发了财，最后也因那一池金子丧了命。真可谓，祸兮福所倚、福兮祸所伏。

马陵山上是否还存有剩下的17池金子，这一吊足所有寻宝者胃口的谜团，至今仍让生活在孙塘村的村民被夜里前来寻宝探访者的挖掘声所惊醒。那些在十字坡上留下的大大小小的被寻宝者挖掘所留下来的穴坑，预示着故事还在继续……

水浒图　金匠绘

抚仙湖宝藏：水下古城的神秘宝贝

2000 年 11 月 13 日，云南的《春城晚报》上刊登了一则新闻，标题为《抚仙湖里有古城》，报道一出，引起社会普遍关注。"澄江""抚仙湖"等在之前不为人知的地名，逐渐被世人所熟悉。

湖底真有一个水下古城吗？如果真有古城的话，那它究竟是一座什么样的城市呢？而它又是怎样沉到湖底里去的？

抚仙湖的探测发现

1992 年，科学家在云南澄江抚仙湖边发现了大量的水下人工建筑的遗迹。2001 年夏天，云南省玉溪市政府开始对抚仙湖进行第一次科考。经过此次科考，"抚仙湖底存在着一座水下古迹"的说法被逐步证实。为了进一步揭开抚仙湖神秘的面纱，中国水下考古队大规模地正式进驻抚仙湖，一场气势恢宏的水下考古活动就此展开……直到 2005 年 12 月，抚仙湖"水下古城"全貌展露无遗。这座在此静静地沉睡了上千年的"水下古城"比著名的庞贝古城还大近一倍，而如此大型的水下古城的发现，在中国尚属首例。

考古队重点探测的位置在湖的东北部区域，也是水下古城遗址所在地。考古中，除了动用专业水下考古人员之外，还动用了专门做水下探测任务的"蓝鲸"号潜水器，负责探测水位较深的区域。"蓝鲸"号有过多次执行深海目标探测与定位任务的经验，并配备有全球卫星定位系统以及最先进的声呐扫描仪，可供四人乘坐。这次，潜水器进入遗址所在的水域，在湖底发现了大量散落着的形状整齐的石块、一堵南北走向的石墙、一条由石板铺成的类似于街道的建筑物、一座气势恢宏的高台式建筑。据初步考证，这座古城大致存在于 2000 年前，

东汉漆盒 10.8 厘米 × 11.4 厘米

牛虎铜案

亚丑方尊

西汉（滇文化）青铜矛3厘米×3.2厘米

极有可能是历史上记载的古滇国的国都，而这次考古探索发现对于揭开古滇国的兴衰提供了重要的资料。

2006年6月，中国科学院考古研究所所长刘长柱连同云南大学考古学教授李昆声等专家聚集到抚仙湖畔，对之前一个个的重大发现再次进行严密考证，并初步推断，在沉于湖底的古建筑群中，存在于F区的一座古建筑确为宗教祭祀用的神坛之类的建筑。

古城中的建筑群由8座建筑组成，最引人注目的是一座高20多米（差不多十层楼高），形状类似美洲玛雅人金字塔的建筑。另外，还有一个类似古罗马"斗兽场"的巨大建筑，此建筑底座宽63米、高21米。在这些建筑群中间，还有一条长长的石板路，约长300米，宽5～7米，石板的形状不一，上面雕刻着的几何图案精美绝伦。

抚仙湖的重重谜团

对于抚仙湖的形成，这里有一个故事：最早之前抚仙湖所在的县不叫澄江县，而叫河阳县。河阳县的县城在南边，那个时候也没有抚仙湖。当时县府衙门的门口，有一对大石狮子。有一天，突然来了一个疯道士，这道士满街地疯跑，边跑边吼："狮子眼睛红，说说水晶宫！"但是没有人理会他，以为他只是个疯子。谁想，不多久，石狮子的眼睛真的红了，整个河阳县城开始向下沉，水开始往上涌，越涌越多，最后淹没了整个河阳，原来的县城永远地消失了。

故事毕竟是故事，虽有人为编造的成分在里面，但抚仙湖的确处处透着神秘色彩。据司马迁《史记》等史书记载，战国时楚国想扩大势力范围，于是派手下大将庄蹻率领大军来到滇池（现在的云南地区），征服当地少数民族。正欲返回，不想碰上秦国入侵楚国，切断了回路，最后庄蹻干脆在滇池称王，史称"庄蹻王滇"。到了汉武帝时期，中央王朝将滇国设为"益州郡"，滇王成了名义上的统治者，古滇文明逐步被汉化。加上缺乏文字记载，关于古滇国的一切，最后成了一个历史之谜。同时，在有关的史料记载中，曾描述西汉王朝在抚仙湖一带设有俞元城，但俞元城到隋唐以后再没有相关文字记载。在第一次考古发现的时候，专家根据当时挖掘出的有关线索推测这座古城可能就是古滇国国都或者是俞元城。可在第二次的水下探秘之后，发现原来的推测似有不妥：首先，该建筑群经过声呐探测扫描，面积大约 2.4 平方千米，如此大的城市规模非一般的都城、郡县可以达到。其次，不管是古滇国国都还是俞元城，它们的建筑结构都是土木结构，但水下古建筑群却是以石头为主的建筑构造。然后，据澄江、江川等地的各类墓葬群里面出土的青铜器判断，古滇国青铜文化的重要标志之一是兵器，上面通常都雕有奇特的动物造型，如变形的青蛙、龇牙的蛇头、猴头人身等，面目表情刻画得逼真清晰，异常传神。可此次考古发现的图案，如三道人工的划痕、"0""1"符号、七个排列规律的石孔、象征太阳的简单图案、"人面"图案等，都是简单的勾勒。它们之间所表现出来的文化特征不同，显然后者更为原始古老。

抚仙湖一直给世人留有神秘的印象，关于它的七大千古之谜也被湖边人祖祖辈辈给留了下来：

谜团一：抚仙湖下存有天然人体库？据曾经潜入湖底的潜水员透露，抚仙湖湖底尸体数量庞大，水下尸体均呈现倾斜状，男尸前倾，女尸则向后仰，并且随着水流自然运动，如同活人一般。

谜团二：湖中存有大鱼？抚仙湖里面的大鱼，可不是一般意义上的大鱼。有人说：有一次乘船过抚仙湖，到尖山时，狂风大浪，不远处看见一个像船一样的东西，仔细一瞧，却是一条大鱼的背脊。

谜团三：水底建筑？当地盛传着这样一种说法：古代的时候，抚仙湖的所在地是一个很大的坝子，在坝子的里面，有一个繁华的城池，后来一场大水将这个坝子全部淹没，从前热闹非凡的城池从此沉入水底。

谜团四：航空禁飞区？抗战时期，一架国民党的飞机，当时本来已经准备降落在呈贡机场，不想偏离航向，鬼使神差地撞到抚仙湖畔的老虎山上，最后造成机毁人亡。20 世纪 80 年代，我军一架军用飞机在飞到抚仙湖上空的时候，因仪表失灵，最终导致飞机失控，坠入湖中……类似机毁事件发生多次。后来，抚仙湖被列为"航空禁飞区"。

谜团五：惊现光环？1991 年 10 月 24 日，这天正好是二十四节气中的"霜降"日，村民张玉祥等人乘船到湖中捕鱼，却惊奇地发现湖的中央部位冒出了一个发光的圆盘，相当耀眼夺目。

谜团六：孤山鲛宫？据民间传言，孤山下面有龙宫，还有许多的洞，抚仙湖的鱼常常跑去游玩，可是洞口太小它们身子又大，每次进去就出不来了，最后永远地待在里面。

谜团七：界鱼石？在抚仙湖与星云湖中间的隔河上，有一块"界鱼石"，从抚仙湖游来的抗浪鱼与从星云湖游来的大头鱼，每次游到此处又各自洄游，形成"两湖相交，鱼不往来"的奇观。

这些传说本身带有一定程度的神秘色彩，再加上在传述过程中人为的加工篡改，真实性更加令人怀疑。但有些传说却逐步取得证实，比如关于水底建筑这一谜团。

寻宝李家山

昔日热闹非凡的古城沉入水底，所有值钱的东西也一并沉了下去，抚仙湖究竟埋藏了多少不为人知的宝藏呢？

在抚仙湖的西面有一个小山丘，山丘看似平凡无奇但名声响亮，它就是李家山。李家山地处江川县城北约 15 千米处，东南走向，海拔1778 米，从山脚到山顶落差有 60 米的样子，属于星云湖畔多依山的支脉。据当地老人说，这里以前是一个古战场，诸葛亮曾带兵在此征战。

由于受到水底科考条件的限制，对抚仙湖湖底的宝藏探险还一时难以实现。1965 年 9 月，各地纷纷响应"农业学大寨"的号召，当地人

汉绿釉陶羊头 14.6 厘米 ×11.4 厘米 ×13.3 厘米

也开始在李家山上挖大寨田，挖出大批青铜器，但村民们只是将其丢在簸箕箩筐内拿回家当废铜烂铁卖给供销社，帮补家用。1972年，文物发掘工作正式展开，发掘出战国至汉的古墓27座，文物1300多件。1973年，在云南省博物馆举办的"云南省青铜文物展览"中，李家山出土的文物竟占了一半。其中，最珍贵的一件文物是"牛虎铜案"，长76厘米，高48厘米，重30千克。在古滇国时期，它是贵族在宴客或祭祀等活动中用来切肉盛肉的华丽工具。"牛虎铜案"以牛的四脚作为案足，牛背呈椭圆形盘状，一只猛虎扑在虎尾虎视眈眈地注视着圆盘。在大牛的腹部下面还站着一条小牛，悠然自得、神态自若。整个铜案呈现出极高的艺术观赏性。

1991年12月19日，云南省考古所张新宁连同省考古所和江川有关单位组成的联合发掘队，在经国家文物局批准的情况下，对李家山进行了第二次发掘。此次挖掘出土了大量珍贵文物，其中还包括不少金器，引来无数人的围观，一时之间，李家山被挤得水泄不通。李家山此次出土的铜鼓还有那些高规格的青铜器，不管从质量还是数量上都令人叹为观止。张新宁对外宣称：李家山应该是古滇国的一个王族墓地。并且据研究表明，李家山古滇国墓地的时代是从战国后期一直延续到东汉初期的，并且在战国后期就已经进入青铜文化的繁盛时期。这说明，古滇国的统治者发迹于李家山一带，只是后来才将古国中心转移到了石寨山地区。西汉王朝意图歼灭古滇国时，滇王又退回李家山，直到中央推行郡县制，古滇政权名存实亡。

如今，每当雷电交加之时，抚仙湖一带的李家山便屡发雷击事件。专家分析，这说明李家山可能还埋藏着大量金属物质，因为金属物质极易将雷电从空中引下来。难道在抚仙湖还有大量的宝藏尚待人们发掘？

新疆和田：牵出神秘的玉石宝藏

　　和田位于新疆维吾尔自治区的最南端。南枕昆仑山和喀喇昆仑山，北面深入塔克拉玛干沙漠的腹地。在和田东北部的塔克拉玛干沙漠深处，有一处废弃于唐代的佛址——丹丹乌里克遗址。自20世纪初，英国斯坦因借考古为名对此进行考察之后，此遗址忽然神秘失踪。

　　塔克拉玛干在维吾尔语的意思是"走得进，走不出"，后又有人解释为"过去的家园"和"埋藏珍宝的地方"。那么，在这片浩瀚无边的沙漠上，究竟有多少人进去过？我们现在所看见的沙漠，里面是否埋藏着一段鲜为人知的历史以及尚未挖掘的宝藏？

丹丹乌里克遗址

　　塔克拉玛干沙漠是中国第一大沙漠，同时也是世界第二大沙漠。399年，法显从中原远赴西部求法，在穿越沙漠时曾有过这样的描述："沙河中多有恶鬼、热风，遇则皆死，无一全者。上无飞鸟，下无走兽，遍望极目，欲求度处，则莫知所拟，唯以死人枯骨为标识耳。"

　　来自瑞典的斯文·赫定曾率探险队进入沙漠，更称其为"死亡之海"。但当地人却不以为然，他们坚信，在浩瀚沙海中，一定存有先人留下来的宝藏。

　　1886年，斯文·赫定发现了位于沙漠深处的遗址——丹丹乌里克。丹丹乌里克在维吾尔语里面被翻译为"象牙房"，象征着高贵与奢华，它位于玉龙喀什河和克里雅河尾间之间。丹丹乌里克是唐代佛寺遗址，南北长2千米，东西宽1千米，是一座颇具规模的佛教城。

　　1900年，来自英国的斯坦因根据斯文·赫定所提供的资料，来到新疆寻

和田考古发现文物

找丹丹乌里克遗址并进行了挖掘工作。这次他发现了大量浮雕人像，画在墙壁上的巨幅佛像和菩萨像，还有大量用汉文和婆罗米文记录的文书。他还发现了几幅价值连城的唐代木版画和壁画，这几幅就是后来轰动世界美术界的《鼠神图》《传丝公主》《波斯菩萨》和《龙女图》。其中，除了《波斯菩萨》之外的三幅图所描绘的内容与玄奘法师《大唐西域记》的记载完全符合。其绘画风格，基本属于在印度流行的希腊美术风格。这一发现让斯文·赫定不由得发出了"荒漠的冬天如今充满了生命力"的感叹。

不过，这些大量的珍贵文物最后却被斯坦因运回英国。在这以后，丹丹乌里克遗址突然神秘消失，近100年的时间再没人踏足此地。

直到20世纪末，新疆的考古工作者才在策勒县北部约90千米处的沙漠中找到隐匿了近100年的丹丹乌里克遗址。这次科学考察，考古工作者对丹丹乌里克遗址做了全面且深入的研究。

在发现的不到20处的建筑群中，有将近一半的建筑跟佛教有关或者就是佛教寺庙。其中还有一间护国寺，它属于汉僧寺院。从寺庙里的装饰物来看，应该与大乘佛教相关，那些雕刻物和壁画上所绘的人物，其造型主要是佛、菩萨、乾达婆、供养人等，此外还有其他跟佛教有关的故事画。

建筑群内的建筑多以木框架构造，强劲的沙漠风与流动沙丘是遗址所面临的主要威胁。

在这次科考中，出土文物除了石、陶、铜、铁、玻璃、钱币之外，还有大量的版画以及各类文书。文书涉及汉、梵等不同的语种，内容形式包括官方文牒、普通信函、契约还有佛教典籍，十分广泛。而且，从这些文书当中，我们还得到了重要的讯息：遗址本名叫例谢或例谢镇，曾经有一个叫杨晋卿的将军在此做执政官，其上级部门是"六城"，长官是质逻刺史阿摩支尉迟，此遗址大约在公元8世纪末期遭废弃。这些资料都是在唐代史籍当中未曾记录过的。

至于遗址废弃的原因，我们至今未找到直接的考古资料来解决这一疑惑。

而在沙漠当中搭建的建筑，倒是引起了众多考古专家的注意。这些建筑到底是何人搭建的呢？在塔克拉玛干沙漠腹地的南边，有许多绿洲，人们在上面建起了一座座城市，由东向西依次排列。这些建筑连接着古丝绸之路的

明镂空狮子绣球纹玉带饰

明和田玉籽料坠

和田玉仔料手串

南道，而位于其中的古于阗，也就是今天的新疆和田，更是在其中扮演着关键的角色。

玉龙喀什河里的和田玉

于阗是中国唐代安西四镇之一，古代的西域王国。在藏语里面，于阗的意思是"产玉的地方"。中国自古就是爱玉之国，崇玉之邦，和田玉更是中华民族的瑰宝。历来以玉为载体的玉文化，也是备受推崇。

在我国，和田玉主要分布在塔里木盆地以南的昆仑山，呈带状分布。其名气不仅在国内，甚至于在世界范围内都闻名遐迩。

和田玉因其玉质、色泽如同羊脂一般皎洁温润，所以又被叫作羊脂玉。而区分和田玉品质的关键除了色泽与质地这类因素以外，还包括形状和存在形态。根据形状与存在形态的不同，一般可以分为"山料""籽玉"还有"作品玉"这三类。和田羊脂籽玉又是其中的上上品，它由原生态的玉矿石，通过自然界神奇的力量，经过长时间的磨砺而成。一块上好的和田羊脂籽玉在和田玉交易市场上价格不菲，一块 20 千克左右的羊脂籽玉，标价就能上千万。因此，每年都有数十万的游客被吸引过来，沿着玉龙喀什河河床及河岸进行采玉寻宝。

为何人们会到玉龙喀什河附近一带采玉呢？

原来玉龙喀什河是和田河上游的一

汉代鎏金铜带钩　长 5.4 厘米

个分支，发源于昆仑山山脉的慕士塔格山，它与发源于喀喇昆仑山的喀拉喀什河共同汇集成了和田河。其实，这两条河里面都有玉，但是喀拉喀什河里的玉呈墨绿色，所以通常人们习惯把这条河叫作墨玉河。而洁白温润的和田羊脂籽玉，它只存在于玉龙喀什河，于是，人们把这条河叫作白玉河。但是，要在白玉河中找到羊脂籽玉并不是一件容易的事，后来，人们又开始到白玉河的源头去寻找籽玉。

玉龙喀什河的源头就是昆仑山上的慕士塔格山，在维吾尔语当中，它意为冰山。先秦文献上曾对昆仑山采玉寻宝藏一事有过记载，当年大批中原人远赴此地，由于路途遥远，100 个人赶赴昆仑山，能有 10 个人到达目的地就不容易，而这 10 个人里面最后能采到玉的人就更少了。采玉过程越是艰难就越足以证明羊脂籽玉的珍贵。如此价值连城的宝玉，在和田所挖掘出的任何一次遗址中都不曾发现，但在和田以外的中原却屡次出现，这一谜团至今未能解开。

瞿塘峡夔门黄金洞：公孙述藏宝之谜

夔门，又称瞿塘关，位于瞿塘峡入口，是长江三峡的西大门，山岩上镌刻着"夔门天下雄"五个大字。陈毅曾为它作了一首诗，来形容它的气势磅礴："三峡束长江，欲令江流改。谁知破夔门，东流成大海。"

在夔门的悬崖峭壁上，有一个神秘的洞口，人们称它为"黄金洞"。黄金洞之所以得名，传说是因为洞内埋藏着很多金银财宝。洞口离悬崖顶有70多米，离谷底有200多米，可望而不可即。黄金洞的下面，有一串"Z"形的石孔，孔深约0.3米，长宽约0.2米，从地面一直延伸到洞侧。有传言说这是藏宝者留下的遗迹，也有传言说是盗宝者开掘的天梯。真相如何只能等待人们的探索。

黄金洞内真的有金银珠宝吗？如果有，又是谁藏的财宝呢？他们为什么会将财宝藏在这里呢？时光如流水，带走了历史的真相，却带来了人们的疑问。

白帝城、公孙述和黄金洞

黄金洞宝藏传说是公孙述所藏的。公孙述是谁呢？可能有的人对他并不了解，可是，说到白帝城却广为人知，公孙述就是白帝城的建造者。

白帝城坐落在长江边上，背靠高山，长江环绕，气势十分雄伟，是三峡旅游线上盛名卓著的旅游景点。白帝庙里各个朝代的诗文、碑刻不少，展出的文物和工艺品也有千余件，黄金洞就坐落在这座富有文化气息的白帝城旁，因而传说黄金洞里的财宝和白帝城的命名人——公孙述有着很大的关联。

公孙述，字子阳，扶风茂陵（今陕西兴平市）人。公孙仁、公孙述父子原本是汉臣，汉哀帝即位后，公孙仁任河南都尉，而公孙述则就任天水郡清水县县令。公孙仁见儿子公孙述年纪还小，经验不足，便叫门下的一个老人跟着他一同上任。没想到过了一个月左右，老人独自回来了，说公孙述不愿意听他的说教，做事都按自己的想法来，可是却也将清水县治理得井井有条。天水郡郡长爱惜公孙述的才华，就破格提拔他兼管五个县。这五个县在公孙述的治理下，政通人和，夜不闭户，路不拾遗，百姓安居乐业，对公孙述交口称赞，公孙述由此名声大噪。

王莽篡汉，建立新王朝，一批官职卑微的汉朝官吏纷纷变更门庭，公孙述也在此时摇身一变，成为拥护新王朝的官吏。王莽将蜀郡改名为导江，公孙述升任郡守，县治设在临邛。此时公孙述的才能仍很出名，据《华阳国志》记载，即使他日后离开了临邛县，蜀地的老百姓也还追思他的政绩，仍将临邛城称为公孙述城。

不过，公孙述等叛汉的官吏官瘾还没有享够，王莽就因为政治措施不得人心，新王朝在全国上下的讨伐声中迅速分崩离析，新王朝的官吏也成了过街老鼠，人人喊打。

23年，刘玄自称更始帝，宣称恢复汉朝，听到这一消息，各郡、县的百姓纷纷揭竿而起，诛杀王莽朝官吏，响应刘玄。

导江（蜀郡）位于我国西南，在刘玄刚称帝时还没有动乱。但在刘玄宣布恢复汉朝后，蜀郡的英雄豪杰不再平静，而纷纷起兵响应刘玄的号召。看到此情形，刘玄便拜南阳人宗成为"虎牙将军"，派他领兵入蜀郡，准备接手蜀郡事务。公孙述是一个聪明人，他听到消息后，立即派人迎接宗成入驻成都，以博取刘玄的好感。可是他没想到的是，刘玄本是绿林起家，作为他的将军和士兵，宗成同样也改不了绿林习气。宗成的部队到达成都后，掳掠烧杀，无恶不作，而且宗成也根本不把公孙述放在眼里，对公孙述颐指气使。公孙述出力不讨好，又害怕宗成会对自己不利，就决定先下手为强，除掉宗成。于是他派人谎称汉朝有使者从东方来，授予他辅汉将军、蜀郡太守、益州牧大印。就这样，公孙述摇身一变，又成了汉臣。

有了名义上的官位之后，公孙述就派兵把宗成那些绿林强盗都剿灭了，并吞并了他们的部队。情况发展到这一步，公孙述干脆和刘玄的汉王朝翻脸，自己做了蜀王，定成都为都城。因为公孙述此时的政策，意在保境安民，所以一时间他很受当地百姓的拥戴。

公孙述想自称帝王，可是又担心自己不是汉室正统，不能令天下人信服，因此他时常问部下："当皇帝的人都是有定数的，那么我能凭借什么当皇帝呢？"

公孙述的部将也都很善于察言观色，他们听了公孙述的问话后，马上就知道公孙述的心意，于是纷纷劝说："主公，本就是有能力的人主天下，何况天命无常，只要百姓拥戴，当皇帝不是难事。"

公孙述听了部下的话很高兴，当天晚上就做了一个梦，他梦见有人在他耳边念叨："公孙十二为期。"他醒来后对夫人讲了梦中的事，并且对梦中人的话百思不得其解，他不明白，那人的意思是说他的王朝可以延续12代，还是只能延续12年？如果只能延续12年，虽然他可以称帝，可是做帝王的时候太短了，那么这个险值不值得冒呢？而公孙夫人的看法却不同，想到自己的丈夫可以做帝王，她的胆气壮了起来，她鼓励丈夫说："古人说过：朝闻道，夕死可矣。何况最差的情况，你至少还可以做十二年皇帝呢！"

促使公孙述自立称帝，传说中还有一件事。传说当年公孙述兵临赤甲时，看到一口古井向外喷着白气，就像一条巨龙在翻腾，夜里又有光在他手掌映出"公孙帝"三个字。因为公孙述崇尚白色，便以为这些都是吉兆，是预言自己将成为真龙天子，再加上梦境的寓意，公孙述于是认为自己称帝的时机已经成熟了。

25年四月，公孙述建起了一座城池，自称白帝，定都成都，国号"成家"，年号"龙兴"，那座城池就是白帝城。称帝以后，公孙述分别封他的两个儿子为王，并且大兴土木，建造宗庙、宫殿。他在出入宫殿时，一定要陈列骑士仪仗，以昭显他的帝王气派。另外，他在南郑修建行宫，在汉中积蓄粮食，养着数十万兵甲，还在成都修造了一座十层的赤楼，赤楼的栏杆都用丝帛来装饰，非常奢靡。而要支持这些奢靡享受，公孙述只能在巴蜀大肆搜刮民脂民膏。

建武十年，刘秀在基本扫尽其他军阀，掌控中原后，便在洛阳为大将吴汉、岑彭、来歙壮行，命他们率领大军水陆并进，杀向成都。经过十几年的盘剥压榨，公孙述已大失民心，刘秀的军队势如破竹，很快就兵临成都城下。

建武十二年，公孙述在宫中占卜，卦上说"虏死城下"，公孙述看了后很

东汉漆盒　10.2 厘米 ×9.2 厘米

兴奋，又有了最后一丝希望，他决定亲自领兵出城，结果兵败，他自己也被刺伤了，当晚就死在了成都城中。第二日，延岑开城投降，"成家"政权灭亡。

巴蜀自古被称为天府之国，那里地饶物丰，公孙述在巴蜀盘踞十几年，大部分时间都在做"一国之君"，可想而知，他的财产数量肯定不少。自从公孙述战死以后，巴蜀民间一直有着传言，说公孙述兵败前，为了保存实力，曾秘密将他十几年积蓄的金银财宝藏在夔门的一个洞穴里，以备来日东山再起，这个洞穴就是今天传说的"黄金洞"。

失望而归的专业探险队

20世纪60年代，四川大学教授童恩正先生根据相关传说写了《神秘的黄金洞》这篇长篇小说；20世纪80年代，三峡风情研究专家赵贵林先生的剧本《喋血夔门》，风靡一时。两部作品拍成的电影、电视，使得黄金洞名播四海。"奇洞藏珍物，金银钓虎胆。"内藏大量金银财宝的光芒照耀着的黄金洞，诱惑着一批批的探险者前仆后继。

1958年，奉节县永乐镇的一位农民就曾到过黄金洞。当时他看见洞里有鹰隼出没，便背着个粪篓，从山顶吊根草绳滑入洞内，想找寻肥料。可是他没想到，在洞里不但没找到多少肥料，反而发现了不少棺木。感到失望、晦气的农民气愤地将处于洞口的两具悬棺推下了悬崖，走时还带走了一把青铜剑。农民悬草绳就能探索黄金洞的情况，让不少寻宝者看到了希望。所以，之后不少人打算采取农民的做法，滑入黄金洞，一探究竟。

1994年，中英联合探险队到奉节天坑地缝探险时，就曾对黄金洞产生过浓厚的兴趣；1995年，中法联合探险队到奉节时，同样也十分向往黄金洞。但是由于条件限制，他们都没有能够成功进洞。

1998年8月25日，在四川奉节探险的中国、英国和爱尔兰的联合探险队，克服曾使无数慕名前来的寻宝者知难而退的70余米悬崖、200余米深谷的地形困难，登上夔门绝壁，准备揭开黄金洞的神秘面纱。

探险队先对天坑地缝做了再次考察，然后决定由中国地质岩溶协会会长朱学隐教授和国际洞穴协会秘书长安迪·伊文思带队，探索黄金洞。队员们虽然激动于能亲自探寻黄金洞，揭开千古谜题，但在具体行动时仍十分谨慎。8月24日，探险队全员赶到现场，熟悉环境，为探险做着前期准备。

8月25日上午9时20分，信号弹升空，地质专家安迪·伊文思，英国探险家肯尼·泰勒，SRT（当时世界上最先进的单绳滑行攀缘技术）专职技师、爱尔兰探险家瓦特，地质学硕士、中国地质专家张任，依靠SRT技术，从悬崖顶依次滑到黄金洞前，然后以荡秋千的方式贴近山壁，抓住岩石，稳固自己。

他们先探察了黄金洞周围的3个小洞，然后爬进黄金洞。向里走了约半个小时，他们便在洞中发现了一堆相互枕藉的尸骨，还发现了一些棺木碎片和四根完好的木棒。又走了半个小时左右，他们在洞壁上发现了涂画物，好像是象形文字，图像、线条仍清晰可见。另外，他们还发现了杂乱无章的古代兵器、家用器皿等。可是，很快所有人都失望了，因为大家又向里走了差不多半个小时，即走了大约20米后，就走到了洞尽头，而除了之前发现的东西，并没有找到任何能够证明公孙述藏宝传说的物品，大家只好将发现的所有东西拍照以待以后研究，便扫兴地退了出来。

黄金洞内的物品是哪个年代的？什么人留下的？洞壁上的"巴蜀图语"说的是什么？是否就是巴文？图画与巴文是否记载着巴人灭国之祸的秘密呢？因为进入的人员都是探险者，对考古没有足够研究，所以这些又成了谜团。

巴人灭绝之地

专家经过仔细分析，认为黄金洞可能是最后一支巴人的灭绝之地。

巴人是东夷部落首领太皋氏的后代，秦朝时，他们一直生活在川东鄂西地区。巴人因为作战勇猛顽强，自古便有"神兵"的称谓，不仅如此，他们还能歌善舞，生性也极为乐观。

但是战国时，因受秦国逼迫，巴人相对独立自闭的"民族国家史"结束了，部族也被迫分散迁徙，其中大部分巴人进入五溪流域，成为后世的五溪蛮；少部分巴人或遁入大巴山、秦岭南麓密林深处；或远徙东南到达福建一带，有的甚至远徙到达中南半岛越南、泰国、老挝、缅甸和印度；或远徙重洋，到达南美洲，成为洪都拉斯的印第安人的祖先。其中，还有极少一部分巴人迁回了巴人发迹的清江峡谷，做了归根的落叶。

巴人几千年来的几次大迁徙，除了因为秦国导致的被迫移民，还有大规模逐盐而居的原因。就在巴人以武盐立国的过程中，他们也将三峡文化中的大溪文化、巫盬文化、早期巴文化等与各地土著文化相融合，形成质朴劲勇、诡谲神秘的巴文明。在秦朝灭亡后，又融入了楚文化，最后逐渐融入统一的汉王朝中，使巴风楚韵成为地方文化的一种，根植于巴人后裔土家人的性灵中。

但在战国时期，纯粹的巴人却失踪于历史中，只留下点点遗迹。

巴人失踪是我国历史上的一大悬案，考古工作者遍查史料，想追寻他们的踪影，却始终找不到任何有用的信息。如今，在巴人失踪数千年以后，带着神秘面纱的夔门黄金洞，为考古工作者们解开巴人失踪之谜带来了一丝希望。

考古专家根据黄金洞岩壁上的象形文字及相关资料推测，前221年，秦国大将司马错灭掉了蜀国后，挥师剑门关，直取位于长江中游的巴国。灭楚秦兵追杀巴人到湖北巴东县，虽然秦兵想全灭古代巴人，可是巴人还是逃进了黄金洞。为了防止洞中有诈，秦兵想出将洞口封死的办法，来困死古代巴人。巴人无法，只能向洞深处走去。他们走了7天7夜，终于在弹尽粮绝之前看到一线曙光，就在他们欢呼着冲向洞口，要冲出山洞时，却惊呆了：原来洞口下面是万丈深渊，上面是无处可攀缘的悬崖峭壁。上不着天，下不着地，巴人发现自己走入了死路、绝路。为了让后人了解他们的不幸，便用赭石写下了事情经过，然后全族在洞中殉难，让这神秘的黄金洞成为他们的墓地。

这支有着纯粹巴文化的最后的巴人既然是带着他们全族人逃进了黄金洞，那应该带着全族的家当才对，可是考古工作者们却只在黄金洞里发现了兵器、家用器皿及骨骸等物，并没有任何金银财宝。那么古代巴人有没有在洞内埋藏金银珠宝？如果有的话，为什么人们几次探访，都没有找到财宝的遗迹？此前进入黄金洞的农民真的只发现了一把巴式青铜剑吗？他会不会将巴人的财宝藏了起来？如果我们再放胆想象，这个黄金洞会不会是公孙述故布疑阵，以它来转移刘秀的注意力，而保存自己真正的藏宝之地？或者，这里还有其他出口，巴人也是真的进入此洞，可是为了防止全族继续遭受秦兵迫害，而故意留下这些线索？如果是巴人故意留下线索，那么，他们走出去的另一个洞口又在哪儿呢？种种疑问与神秘面纱后面的真相，只能留待人们继续探寻了。

黄金面具

王莽新朝的嘉量

齐王府宝藏：富可敌国的蒙古王公

在郭尔罗斯前旗，一直流传着一个宝藏的故事，而宝藏的主人，就是清朝末代王公、皇室后裔——齐默特色木丕勒（简称齐王爷）。

明末，努尔哈赤以十三副盔甲起兵，建立后金，为了扩大势力，进攻明朝，他极力拉拢各蒙古族部落首领。郭尔罗斯部固穆及其长兄布木巴就在努尔哈赤及其继位者皇太极的拉拢招安下，归附后金。努尔哈赤和皇太极为了稳定各蒙古族部落首领的人心，不但没有收缴他们的武械，反而还赐予他们大批土地和各种物资。其中郭尔罗斯前旗就是当时皇太极赐给郭尔罗斯部的领地。

郭尔罗斯前旗东西宽约360里，南北长约500里，包括今长春、德惠、农安、长岭、乾安市县在内。直到1636年皇太极改元崇德，固穆入朝叙功，皇太极封其为辅国公，并将郭尔罗斯前旗正式归于其掌控，才使郭尔罗斯前旗的统治权确立下来。得到了正式的统治权，固穆便开始修建王府，地址便选在吉林省前郭县的哈拉毛都。在清末，齐默特色木丕勒对王府进行扩大重建，所以当地人又称这座王府为齐王府。吸引无数人目光的、传说中的宝藏便埋藏于齐王府的地下。

在多次变乱中权财增多的齐王公

郭尔罗斯前旗最后一位王公叫齐默特色木丕勒，当地人称他为齐王爷，他是固穆的第十一世孙，生于1874年，卒于1942年，自1897年承爵为王公至寿终正寝，在位40多年。虽然齐默特色木丕勒活了68年，在位40多年，是蒙古王公中比较长寿的，然而他这近70年的生活并不平静，因为当时正是近、现代中国最动荡的时期。不过，虽然时局混乱，世道变幻莫测，齐王爷却是官场的不倒翁，不但在清朝廷倒台、民国开元、军阀割据、日本入侵、伪满成立等社会变故中安然无恙，而且他的权势还在这些动乱中越来越大，最终成为当地的实际统治者。

齐默特色木丕勒在光绪二十二年三月经皇帝批准，跨辈继承了祖父图普乌勒吉图的王公爵职。他之所以会这么年轻就跨辈承爵，是因为他的父亲患有精神分裂性疾病，他的祖父为了使王公的爵位不会有失，所以在齐默特色木丕勒年纪轻轻时，便通过理藩院向皇帝请奏由其承爵了。可以说，齐默特色木丕勒的祖父是一个很有眼光的人，齐默特色木丕勒之后的发展证明了他的决定一点儿也没有错，即使清朝灭亡了，齐默特色木丕勒对郭尔罗斯前旗的控制也没有减弱，甚至还因为平复乌泰叛乱事件，得益于民国政府，从民国政府那里得到了更多的封号，对郭尔罗斯前旗的控制也更强了，他也因此敛取了更多金银财宝。

齐王爷是怎么因为乌泰叛乱事件而得益于民国政府的呢？这要从乌泰说起，他是科尔沁右翼前旗札萨克多罗扎萨克图郡王、哲里木盟副盟长，当清朝廷倒台后，鸣泰不甘于自己手中的权力因为改朝换代而消失，所以在1912年（即民国元年）8月20日，四处散发"东蒙独立宣言"，并举兵谋反，妄图自立为王。当时他分兵三路，进攻洮南府及今白城等地，而既迫于他的势力，也不想放弃自己权力的哲里木盟各旗旗主除科尔沁右翼后旗扎萨克、辅国公拉西敏珠尔两位外，都派兵参与了乌泰的叛乱。其他地区各旗王公则处于犹豫、观望中，想等事态进一步明朗后再做决定，所以民国政府一时面临巨大的压力。

然而，郭尔罗斯前旗的齐默特色木丕勒却与这些旗主王公不同，他认为乌泰是以卵击石，所以面对乌泰的叛乱，他以盟长的名义发出文告，通知他所在的哲里木盟的各旗拒绝乌泰的劝降，并号召各旗共同起来抵制乌泰的叛乱。

局势果然如齐默特色木丕勒所料，乌泰的叛乱被民国政府平息了，而齐默特色木丕勒也因为拥护共和、归顺民国、反对叛乱之功，被民国政府承认辅国公爵位，还被民国政府升为多罗贝子。1913年，齐默特色木丕勒又以维护东蒙的功劳，被民国政府晋为多罗郡王。甚至在1914年4月，他再次获民国政府赐封的和硕亲王爵位。

　　齐默特色木丕勒不止在民国政府手下如鱼得水，在伪满期间，他的势力也有所扩大，甚至因为"开国有功"，由民国政府赐封的和硕亲王成为"内蒙兴安总署总长""蒙政部大臣"，最后统管伪满洲国六省三十九旗的蒙务，俨然成为伪满洲国的皇帝。

　　就这样，齐默特色木丕勒地位越来越高，财产也越来越多。据说，齐默特色木丕勒虽然继承了旗里延续了300多年的家族的所有珠宝玉器、黄金白银，但他并不满足，在拥有了更大的权势后，他广开财路，垄断了所统治地区方圆数百千米的榨油等行业，当地人都说他"日进斗金"。除此之外，他大肆圈占管辖的土地，传说他大概占了百万顷以上的土地，每年只靠收缴地租，就能收获白银几十万两。他还多次放荒，当地人传说他在第一次开放余荒时，放荒的土地就达12760公顷，他也从中赚取了126052两白银的收荒钱。

金帐汗国大汗的金冠

如果说这些还不能说明齐默特色木丕勒拥有的庞大家业，那么，我们可以从他的亲属身上窥得齐王府是如何家大业大的。

与齐默特色木丕勒关系交好的他的三叔阿木尔钦格勒图，在光绪年间被册封为本旗执政的札萨克喇嘛，人称三爷喇嘛。齐默特色木丕勒因与其交好，所以当他寓居京城时，齐默特色木丕勒经常给他寄去成箱的金条银圆，满足他挥金如土的胃口，为他提供过骄奢淫逸生活的资金。

齐默特色木丕勒给三爷喇嘛提供了多少金银呢？这可以从三爷喇嘛的遗物中窥见一斑。据说人们清点三爷喇嘛的遗物时，发现了他仅在王府内收藏的未穿过的各式衣服（不包括各种珍贵袈裟）就有 2000 多件，各种绫罗绸缎、貂皮大衣、水獭大衣，各式金表，珍珠宝石，玻璃马车等都应有尽有。由此可见，只靠齐默特色木丕勒资助的三爷喇嘛都如此富有，就更不用说齐默特色木丕勒本人了。

齐默特色木丕勒虽然拥有如此庞大的家业，可是他的四个儿子均是夭折，在家族里，也没有直系子嗣可以继承这庞大的家业，所以虽然齐默特色木丕勒在生前权势、地位都达到了顶峰，然而，在他死后，他的家族也败落了。其中让人疑惑的就是齐默特色木丕勒通过继承家业、收敛财富积累的财宝在哪儿呢？尤其是在齐默特色木丕勒死后，人们并没有从他家里发现本来应该存在的包括历代皇帝赏赐的黄袍马褂、顶戴花翎甚至皇帝诏书的巨额家产，这些家产去哪儿了？无人知道，不过，人们根据各种传说与资料猜测，这笔巨大的财富可能被齐默特色木丕勒藏在了齐王府地下。

堂皇壮观的齐王府

齐默特色木丕勒落到死后庞大的家产无人继承的地步，据说与他所修建的齐王府有关，人们传说，因为齐默特色木丕勒在齐王府地下埋藏大量财宝，使得齐王府阴气太重，而这阴气与其子嗣的阳所相冲，克子嗣，所以齐默特色木丕勒的四个儿子都夭折了。

说到齐默特色木丕勒的四个儿子，就不得不说说他的福晋们了。有资料明确记载的齐默特色木丕勒的福晋一共有三位，他的三个儿子是大福晋所生，除了这三个儿子，大福晋还为他生了两个女儿。长子达木林旺吉勒生于光绪二十二年（1896年），虽然他活得比齐默特色木丕勒其他两个儿子长些，但仍在与张作霖弟弟张作相（曾任奉系吉林省长）的女儿成亲后不久，便得肺结核不治而亡了。其他两个儿子则在幼年时，便生病夭折了。

齐默特色木丕勒的二福晋一直没有生育，据说是因为其父佟秉权不想她的儿女与大福晋所生的子女争权夺势而祸及家族，所以在她出嫁时，就劝其服了不孕药。可能因为没有生育，她的全部重心都在齐默特色木丕勒身上，所以当齐默特色木丕勒死后，她由年轻时的爱说爱笑喜好活动变得性情古怪、易怒。她并没有比齐默特色木丕勒多活多长时间，在1946年春，她便染上霍乱，病死在了齐王府内，追随齐默特色木丕勒去了。

齐默特色木丕勒的三福晋色力玛，人称色福晋，她为齐默特色木丕勒生有一男三女，男孩在9岁时便病死。色福晋是扎鲁特旗人，她的兄长丹必扎拉森是当时郭尔罗斯前旗阿拉街庙的佛爷喇嘛，也因此，齐默特色木丕勒对她极为信任宠爱，甚至连他所埋藏宝藏的秘密，也让她知道不少。传说中齐默特色木丕勒将财宝埋藏在齐王府，就是色福晋提供的信息。

为什么人们会相信这一传闻呢？这就需要说说齐王府了。

当齐默特色木丕勒晋升为哲里木盟长后，他便想重建王府了。1908年，齐默特色木丕勒从北京聘请大批工匠，大兴土木，开始重建王府。为了表示自己并不是蛮夷，是足可以与京城正经王爷相媲美的，在修建王府时，他就要求工匠严格按照京城王府官邸来布局，为了更像京城里的王府，对于修建王府的建筑部件，齐默特色木丕勒不惜耗费巨资，全部从北京预制，甚至修建房屋所用的木料，也全部是从长白山精心挑选，然后经水路发排运过来的。因为齐默特色木丕勒对王府的修建要求极为繁多，所以直到1916年，齐王府才正式完工。

齐王府修建得如此富丽豪华，人们也传说，齐默特色木丕勒将他所拥有的巨额财宝，埋藏在这座新修建的规模宏伟的王府中。人们为什么会有这种传说呢？据相关资料记载，齐默特色木丕勒命人修建的王府外围墙就长105丈，高1.55丈，占地面积达457.5亩，除此之外，王府的四角及西墙正中均设有炮楼，保卫着王府的安全。如此严密的防护，再加上齐默特色木丕勒攫取的大量金银，自然使人们想到他在其中埋有巨额财宝。

至于王府里的院落、房舍多采用回廊式建筑。府院有七进，共有 640 多间房子，这些院落、房子分左、中、右三个部分，按严格的等级制而建。

如第一进院落为迎宾馆。在两侧有客厅、客房，这里专门用来接待来宾及办事的官员。王府的卫兵们便住在迎宾馆东西厢房的后面兵营里，那里一共有 11 间房子，专门让卫兵们居住。

第二进院落是齐默特色木丕勒的印务处，设有大堂、牢房、文武官员的住宅等，几乎是衙门的缩影，所以人们又称第二进院落为衙门宫，齐默特色木丕勒方便有人帮助他处理行政事务，如经济管理、税务征收等，在此设了掌印官——"白靳达"。第二进院落的大堂是审问人犯、处理诉讼的地方，所以一应刑具如皮鞭、金属笼、老虎凳等俱全。有了大堂，自然就少不了牢房，位于第二进院落的牢房分一般牢房、死牢、水牢三种。除此之外，齐王府中负责征收租赋的地方也在第二进院落中，那就是这城的"带租总局"，它主要征收的是长春、农安、德惠等县的租赋。

作为清朝封的国公，府中自然少不了佛堂，以方便齐默特色木丕勒及其福晋、格格祈福禳灾。齐王府第五进院落便设有佛堂，这里面主要供奉释迦牟尼、千手千眼佛像。

再往里进的第六进院落是齐默特色木丕勒的寝院。那里有正房 7 间，东西厢房各 5 间。第六进院落里的正房为双龙滚脊，房屋都是雕梁画栋，金龙盘柱，富丽堂皇，除此之外，院内回廊漫转，檐牙交错，极为壮观、堂皇。这富丽豪华的院落作为齐默特色木丕勒最常居住的地方，极有可能设有机关，如果说宝藏真的埋在齐王府内，那这里的可能性也最大。

齐默特色木丕勒不仅继承了家族 300 多年聚集的财富，而且他自己也收敛了大笔金银财宝，所以如果他埋藏了这些财宝，可想而知，所挖掘的藏宝库的规模一定很巨大，而齐默特色木丕勒如果真的在齐王府的地下埋藏了宝藏，最大的可能性就是在重新修建王府时借机秘密挖掘这座藏宝库了。

如今，虽然齐王府的正府已不存在了，但是人们通过仍存在的精致的回廊，完全可以窥见当初的齐王府是如何显贵、神秘，而这份显贵、神秘也让人们对王府宝藏的传说更为好奇、关注。

蒙古族面具

蒙古族箭袋和腰带

蒙古时代的高脚杯

色福晋的最后供词

前面说过，齐王府地下埋有宝藏的传说，与齐默特色木丕勒三福晋——色福晋有关。这是怎么一回事呢？

原来在1945年日本人投降后，国内形势转为了内战，在一些边远地区，甚至还有土匪与国共两党相争，齐王府所在的地区，虽然成立了由哈拉毛都王府屯的农民，长期在齐王府内外供王府使唤的奴仆、用人、佃户们组成的"王府屯农民协会"，然而他们的实力并不强，面对土匪时，还是以避为主。

王府屯农民协会的主要目标自然是打土豪、斗恶霸、平分土地和财产。对于王府屯农民协会成员来说，最大的目的就是齐王府了。可是当他们冲进齐王府一顿搜查后，除了一些粮食、布匹、家具和器皿等日常用品，并没有发现任何贵重东西。然而，他们又很清楚，齐默特色木丕勒这些年敛取了大量财宝，可是这些财宝去哪儿了呢？

农会里没人知道，他们就只能发动还散居在屯里的原王爷府的仆人，希望能从他们那里得到线索。而这些仆人并没有提供什么有价值的线索，他们只知道齐默特色木丕勒并没有向外运过什么东西，也没有命人向外搬过东西。所以他们推测，如果真的有金银财宝、古玩文物等贵重物品，那么还应该藏在齐王府内，但是宝藏埋藏的具体地点他们就不知道了。

了解了这些，农会里的人知道，从仆人那里是不可能再得到什么有价值的线索了，如果想知道财宝埋藏在哪里，就只能从主人、亲信入手了。可是当时，齐默特色木丕勒、大福晋、二福晋都已经死了，两位格格也早早嫁去远方，她们对王府藏宝可能也不知道，而且，经过几年混乱，他们也很难找到这两位格格。

而齐默特色木丕勒唯一活着的老婆——色福晋、其他本家、秘书、亲信，都已在土改前夕逃离了王府屯，有些人甚至根本无法找到。不过，这些都难不倒农会里的人，他们经过调查走访，最终决定将突破口放在色福晋身上。原因有两点：一是色福晋出身贵族世家，她的兄长又是阿拉街庙活佛，而她本人极受齐默特色木不勒的宠爱、信任，尤其是在她为齐默特色木不勒生下小儿子——清古吉后，齐默特色木不勒大事、小事都与她商量，对她的话也极为听从，所以农会里的人认为，如果有人知道齐王府的藏宝地，那个人最可能就是色福晋。二是因为当时其他人大多都找不到了，而色福晋的落脚处，却被农会里的人探知，所以找起来相对容易些。

决定了突破人选后，在1947年春，农会通过种种手段，终于撬开了色福晋的嘴。色福晋将一部分财宝的埋藏地点告诉了农会会长于万江。于是农会会长于万江在齐王府色福晋的卧室北墙角，第三块地面砖下挖掘三尺，挖出了一个铁制的方箱，从这个方箱里找到了20斤黄金，20斤白银，20块各种款式的金表，32件各种样式的金银、玉石、珍珠、玛瑙饰品，以及12件各种古玩。据估计这些东西价值可达万金。

农会的人虽然按色福晋的说法挖出了财宝，可是他们大多数人仍认为，这些财宝只是冰山一角，还有大笔财宝色福晋并没有交代出来，尤其是一些贵重的东西还不知所踪，像历年帝王御赐的各种物件和文献、王公家族几百年来传留和积攒的奇珍和巨额家资等。所以他们继续纠缠色福晋，想从她那里得到这些财宝的下落。

然而正在农会的人与色福晋僵持时，意外发生了。

当时在边远地区，土匪还比较盛行，他们拉帮结伙，打家劫舍，强抢豪夺，无恶不作。在齐王府所在地就有一伙土匪，匪首"西来顺"是土豪出身，当他听说因为土改成立的农会从色福晋那里得到了齐王府的一笔财宝后，便动了心。尤其是当他听说，齐默特色木不勒的色福晋还知道更多的财宝埋藏在哪里，现在农会的人正想撬开她的口时，他便决定插一手，围攻齐王府，将色福晋掠出，逼她说出齐王府宝藏的所在。

就这样，在八月十五日的半夜时分，齐王府外人喊马嘶、枪声大作，正与农会的人交谈的色福晋以为是国民党的军队，便想跑出去投奔，然而，她失望了，因为她听到的是土匪的高呼："抓住王爷的小老婆，要活的，赏金一千。"知道不是国民党而是土匪后，色福晋不再反抗，乖乖随农会里的人到后山树林里躲藏起来。

经历了土匪的抢掠事件后，色福晋极为胆寒，农会的人顺势劝说，终于从色福晋那里得到了有关齐王府藏宝的信息。

色福晋说，在她为齐默特色木丕勒所生的唯一的继承人清古吉9岁时，齐默特色木丕勒原本想为清古吉举行册典，然而不幸的事发生了，清古吉得肺结核死了。齐默特色木丕勒极为悲痛，感觉自己奋斗一生，取得今天这样显要的王位与家业没后人来继承、发扬了，可他又不想祖宗300多年的基业和他苦心积攒的财富以及那些价值连城的文物奇珍，被外戚或他人白白得去，便决定将这些财宝全部埋于地下。齐默特色木丕勒当时请人设计了藏宝库，藏宝库位处齐王府地下30米深处，藏宝库的四壁全部由石头、青砖、水泥砌成，只留一条长一里的地下隧道通往入口，到达入口后，也无法轻易进入，因为入口被一层石门、二层铁门封严。为了防止齐王府宝藏被外人盗去，齐默特色木丕勒在前两层门内设了地枪炸雷，如果不能正确打开门，而是毁掉它们的话，那么里面的自动爆炸装置就会在瞬间启动，将一里长的地下隧道和藏宝库一齐炸毁。

色福晋还说，这个藏宝库由山东、河北等地逃往关外的20名身强体壮和有手艺的青壮年难民，经过3年昼伏夜出、暗中劳作才修建成，工程极为浩大、艰巨，所以里面的机关一定少不了，要取出齐王府的宝藏很难。

农会的人听了色福晋的话后，无法得知她是否说出了全部，如果真像色福晋所说，那么藏宝库里肯定机关重重，如果哪道机关不知道，后果很可能是让他们全军覆没。这还是在色福晋说的都是真的、里面的确埋藏有财宝的前提下，如果色福晋说的有一部分是假的，里面并没有财宝，那么他们要为可能的财宝付出如此大的代价吗？农会的人陷入了矛盾中，然而他们的矛盾并没有持续多长时间，因为没过多久，色福晋在一棵老柳树上上吊自杀了。

色福晋的突然去世，将她所知道的齐王府藏宝库的秘密带去了另一个世界。而农会的人也因此完全不知道她所说的话是真是假，机关是否如她所说那么厉害。不过，当人们联想到在土匪事件后，色福晋逛齐王府时的神情，人们猜测，齐王府内有藏宝库应该是真的。据说色福晋在走到佛堂、王爷卧室，特别是走到后花园假山底下时，心情非常沉重，她甚至还围着假山转了一圈后，在那里久久立足，临离开齐王府时，她还向西山的方向望了好一会儿，然后才神情浮动，步履迟缓地随农会的人回到农会院内。

种种线索指向地下藏宝库

人们除了根据色福晋逛齐王府的神情猜测宝藏很可能藏在齐王府外，还有一个人也能证明色福晋所说是真的，那人便是齐王府的花把式。

据他说，当时他正应齐默特色木丕勒的要求，在王府的假山上栽种花草，不久，他便发现，山坡那边每天都有新土出现，然而他在白天并没有看到有车拉土，可是为什么会有这些新土出现呢？为了满足自己的好奇心，一天他起了个大早，前去察看，看到有人在卸车，他便前去搭话，那人告诉他，色福晋想要挖个大菜窖，用来存放水果和蔬菜，还说，色福晋不让他们与外人接触。听了卸车人的话，花把式迅速离开了那里。后来，他仔细观察过那些新土，发现它们并不像挖菜窖的地表土，反而是空山土，可是为什么院里会有这么多空山土，是从哪里来的，他就完全不知道了。

花把式还说，他曾问过色福晋，暖花窖里的花放不下了，能不能将正在挖的菜窖挖大一些，好放花木。色福晋听了他的话后，脸色大变，问他是怎么知道有这个菜窖的，花把式说自己看到假山后面有新土，应该是挖菜窖才会有的。听了他的回答，色福晋的神色才平缓一些，但是自那天起，花把式再也没有在假山后面发现过新土了。所以根据这些，花把式认为，齐王府内应该有藏宝库，而且色福晋应该知道藏宝库的所在以及里面的机关才对。

然而色福晋毕竟上吊死了，即使她知道，也不能再详细地说出来了。不过，人们后来根据齐王府的建筑结构推断，藏宝库的确存在。

据说，齐王府在重建时，里面原本是一马平川的，然而在建好后，在王府的西北角却突然多出了一座高3.5米、长30多米、宽20多米的假山，要建假山，就需要土，然而当时人们并没有在屯子四周发现有取土的痕迹，如果没有从外面取土，那么说明这些土就应该是来自王府内。然而这么一大座假山，需要的土可不是少数，王府地表上并没有提供这么多土的地方，那么这些土就应该是从地下取的，没有填平的话，齐王府地下肯定有一个很大的空间。然而，人们虽然如此推测，可是直到如今，并没有人找到这个巨大的空间，可见，这个空间很隐蔽，这么隐蔽的空间是做什么用的呢？最大的可能就是用来藏宝了。尤其色福晋说过，齐默特色木丕勒请了20名关内逃难的青壮年来修建这个工程，所以现在这个工程究竟建在何处，里面有什么机关，工程的作用是什么，都是谜团了。

除了上面提到的这些，还有一个传说，证实人们猜测齐王府地下有藏宝库的真实性。据说，在修建齐王府时，齐默特色木丕勒命人从关外定制了18个大石槽子。因为当时齐王府离主要的交通道路很远，再加上当时的运输工具很落后，所以当这18个大石头槽子运到时，引起了人们的好奇。然而更让人奇怪的就是，这18个大石头槽子运进王府后，就神秘消失了，直到齐默特色木丕勒死后，齐王府正府被毁，人们也没找到这18个大石头槽子。这18个大石头槽子去哪了？人们猜测没出府的话，就应该被埋在了地下，可是为什么将它们埋在地下？有什么用？这些疑问都间接指向了齐王府内的藏宝库。

还有人说齐王府里的那口井也不寻常，传说不知从什么时候开始，齐默特色木丕勒就不吃那里的井水了，说那口井里的水苦，要仆人做饭用水，都去对面齐大爷家去提。因为齐默特色木丕勒对此有严格要求，所以当时的仆人们也就再没有从那口井里打过水，也一直认为那口井里的水是苦的。可是后来，齐默特色木丕勒死了，齐王府毁了，住在附近的人在齐王府原址盖起房子，打了井，也没发现井水苦。由此可见，齐默特色木丕勒说的井水苦不是他不让仆人从那口井里打水的真正原因，真正原因可能是那口井与藏宝库有关。人们猜测，齐默特色木丕勒不让从那口井里打水，原因可能有两个，一个原因是，当初帮他修建藏宝库的关内人在藏宝库修好后，被齐默特色木丕勒活埋了，他怕被埋的尸体污染井水，所以不让仆人从此打水。另一个原因是，这个井口可能与藏宝库的入口或出口相通，齐默特色木丕勒不想让每天来此打水的仆人发现异样，便封了这口井。

除了上面提到的这些迹象证明藏宝库存在外，还有人曾在齐王府原址挖到过财宝。这要从齐默特色木丕勒分府说起。当初齐默特色木丕勒在死了三个儿子后，又有了小儿子清古吉，他为了保证自己的小儿子在他死后不被比他小儿子大很多的叔伯兄弟夺走家产，便与兄弟和叔父分了家，除了给每家几万亩地外，齐默特色木丕勒还为他们每家都按北京四合院的样式，修建了府邸。也因

孝庄文皇后便服像

此，除了齐王府外，又有了旺少爷府、祥大爷府、齐大爷府、包家大院几处典型的北京四合院建筑。后来，人们便在因为土改而被毁掉了的包家大院和旺少爷府原址上挖出了财宝。

如果说这些挖出财宝的事不轰动，那么发生在20世纪80年代初的一件事，可谓轰动一时。那是一个春天，齐王爷母亲娘家的后人带着图纸说要挖出当初齐默特色木丕勒埋藏的宝藏。为了保护他们，县公安局干警也出动了，可是那些后人只挖了半铺炕大小的面积便停止了，他们也只挖出了两个装满了各式各样衣服的大铁箱，而并没有挖到金银财宝。

虽然这些后人并没有挖到财宝，可是人们不禁要想，既然齐王府将衣服这种日常用品都埋了起来，那么，他们几代人聚敛的珍稀古玩玉器、黄金珠宝，又怎么可能会平白让给人呢？这些财宝应该是藏在齐王府地下的某个地方，等待人们的发现。

第三章
战争宝藏

项羽金锣神秘字符：在众说纷纭中探宝解读

项羽可是历史中赫赫有名的英雄人物，这节中的宝藏传说，就是有关于他的。传说项羽于江东起兵前夜，在浙江绍兴柯岩街道的项里村埋下了 12 面金锣。既为了方便自己以后寻找，也为了避免被人盗宝，项羽就在村东草湾山上刻了神秘的字符。传言说，只要人们能破译这神秘的字符，就能找到项羽埋藏的这 12 面金锣宝藏。

有人宣称自己掌握了宝藏的破译方法，可以高价为人破译；也有人对神秘字符作了不同的解读方式。然而 12 面金锣到底埋藏在哪里，价值几何，直到今天仍是一个谜团……

天价破解的神秘字符

2005 年夏天，浙江绍兴旅游局副局长鲁锡堂收到了当地市、县有关领导转来的几封同一个人写的信。那人在信中这样写道：谁能给他 150 万元，他就立刻为谁解开项里村项羽金锣字符之谜。

鲁锡堂根据信中提供的联系方式，与对方取得了联系。他感觉对方似乎对某方面的古文化知识比较精通，但是对方要价 150 万元破解密码，却使项里村宝藏真实性的传言摆在了桌面上。虽然那个人说得挺像一回事儿，但鲁锡堂及绍兴县旅游局等有关部门认为，在事实未完全弄清之前，对任何结论都不能轻易相信，他们会对此有所重视。

什么样的秘密破解需要 150 万元？显然是有高回报价值的。由此可见，项羽的金锣字符该是多么大的一笔宝藏。

"项羽藏宝图"在草湾山人迹罕至的一侧。草湾山是位于绍兴豆雾尖北麓

楚项王

项羽像

的一座海拔 70 多米、长 400 余米的山峰。项里村就在草湾山山脚下，一座新修的项羽庙就坐落在山西面。因山上覆盖着厚厚的灌木林，所以虽然这里有宝藏的传言，但村民仍很少上山。

破解项羽金锣宝藏的神秘字符就刻在一块不规则的五边形石头上，这块长约 5 米、最宽处约有 3 米、最窄处约有 1.5 米的青灰色的石头"趴"在山腰上，就像一个巨大的龟壳。这块石头上的印记就是传说中的项羽藏宝图。印记似乎是用锋利的锐器刻画的，有 7 ~ 8 厘米深、5 厘米宽。印记所刻的都是方方正正的横和竖，这些横和竖组成了几个大小不等的矩形。这些印记虽然样式古朴，但既不像篆文，也不像金文，近观整个图形，不像是什么文字，反而比较类似于房屋平面设计图。

如果这幅"藏宝图"真的是项羽留下来的，那它至少应该存在 2000 多年了，这么长时间，为什么会没有人解开这个谜底呢？经过走访当地调查，专家了解到草湾山上的神秘字符可能只是项羽金锣藏宝图其中的一部分，据当地人讲，当年项羽将"藏宝图"分别刻在几块石头上，所以人们要解开字符秘密，还需要找到其他的"藏宝图"，将它们拼在一起。如果真如传言所说，又一个问题出现了，那就是"藏宝图"到底有几块呢？然而对于这个问题，当地却无人知道。

虽然当地有好事者也曾去寻找过其他的"藏宝图"，但却始终没有发现。目前唯一被发现的就只有草湾山上那一块藏宝图而已。

我们暂且放下藏宝图具体有几块不说，先说项羽的 12 面金锣，这又是怎么一回事呢？

金锣还是錞于

项羽，字羽，名籍，他是秦下相（即今江苏宿迁宿城区）人。项羽的祖父项燕是楚国名将，所以项羽自称"西楚霸王"，以梁楚九郡为自己的领地。

最初，项羽跟着叔父项梁起兵反秦。《史记·项羽本纪》中记载，因项梁犯命案，项羽和他一起在吴中避难，他们就生活在会稽一带（即绍兴）。当时他们就隐居在项里村一带，并在当地村民的庇护下，暗中积聚力量，招兵买马。很快他们便招募了 8000 名江东子弟在项里村附近练兵，项羽铸造了 12 面金锣，用来对士兵进行操练。在起兵前，项羽为报答项里村人，命士兵连夜在山上埋下了这 12 面金锣。

绍兴当地出版了一套鉴湖系列丛书，书中详细记录了项羽和他所埋藏的金锣宝藏传说："为了反秦，项羽与叔父项梁在项里一带召集旧贵族子弟 8000余人，用 12 面金铜锣，鸣锣教战，习武练艺。这 12 面金铜锣精工细作，别具一格。分别用 80% 的黄金和 20% 的黄铜合铸，锣大如轮，声宏音清，背面铸

清代铜锣　40.6 厘米 × 3.1 厘米

有十二生肖图，价格不菲。时间过得飞快，项羽要告别项里百姓了，他决定将12面金铜锣留给项里。于是命令士兵深夜在项里草湾山附近挖坑藏锣，然后又在草湾山上凿下了字符。如果谁能认得此字，便能找到那价值不菲的12面金铜锣。"

《康熙会稽县志》对项梁、项羽叔侄有过记载："项梁、项籍杀会稽首殷通，举兵于会稽。"书中所说的项籍就是项羽本人，所说的会稽就在绍兴附近。由此可知，2000多年前，项羽和他叔叔项梁的确是在绍兴附近起义造反的，虽然《康熙会稽县志》中对项羽、项梁的起义地点没有说明，但不少人认为，他们很可能就在项里村这里宣誓起义造反的。

因为项羽曾在这里隐居过，所以村子也改名为"项里村"，不仅如此，当地百姓还在项里村内修建了一座项羽庙，尊称项羽为菩萨。为项羽修庙，在全国各地并不多见，由此可见，项里村与项羽是有着千丝万缕的历史联系的。当地有关项羽金锣宝藏的传言就有可能是事实，果真如此的话，那么传说中大若车轮的12面金锣到底有多大的价值呢？

自1973年以来，考古专家们在秦始皇兵马俑坑中发掘了大量的战车，其中不少战车车轮的直径都在1.4米左右，如果说项羽所埋藏的金锣的尺寸如这些车轮一般，那么这些金锣的直径也应该在1.4米左右，这么大尺寸的锣即使是在今天也是比较少见的，更不要说是金锣了。

锣一般都是中央略高，这高出的部分的大小、厚薄以及与锣的面积比例，决定了锣音调的高低，低频锣发出的声音虽然沉闷，但却可以传播很远的距离，项羽铸12面金锣的目的是利用锣声操练军队，所以他所铸造的锣就很有可能是低频锣，但是有关专家对于秦末锣的铸造水平有所怀疑，他们认为根据当时的工艺，要做到铸造直径1.4米

的金锣的可能性不是很大。因为一个直径 1.4 米的金锣大概有一百五六十斤重，如果仅靠当时的技术水平来完成，几乎是不可想象的。

关于专家的这一点认识，可能与人们认为锣是铸造出来的、而实际上锣原始的加工工艺是用铁锤敲出来的有关。现在的锣的最大直径可以加工到 1.5 米左右，所普遍采用的是空气锤的现代化生产工艺。所以，专家据此认为，秦代末年的加工工艺，锣的直径最多也不应超过七八十厘米。

对于金锣的含金量，一部分专家也提出了质疑，依据是什么呢？

这部分专家说，早在春秋战国时期，锣就已经出现了，当初锣的名字叫响锣，因为它是用响铜铸造而成的。方法就是将红铜和锡按一定比例进行熔炼，得到响铜，这一比例为 77.5% 的铜，加 22.5% 的锡。然后人们用响铜铸造各种需要发出声音的器械，比如闻名世界的曾侯乙编钟就是用响铜铸造的。

这些需要发出声音的器械之所以必须用响铜来铸造，是因为如果不用响铜，那么这些器械就无法发出人们需要的声音。

按人们的猜测，当初项羽铸造锣是为了指挥军队，传递信号，那么，这个锣就一定需要发出洪亮的声音，而传说中项羽真的是用 80% 的金加 20% 的铜的比例来铸造金锣的话，那么，他命人铸造的这 12 面金锣不但根本不会发出指挥军队、传递信号的声音，甚至还软得几乎都无法敲击。

明白了上面这一点，人们可能就会对项羽这 12 面金锣的真实成分有所怀疑了，难道当初项羽为项里村百姓留下的不是金锣，而是 12 面直径不到 1 米的一般铜锣吗？还是说，当初项羽留下的不是锣，而是其他什么可以指挥军队、传递信号的物什。

如果不是锣，那么当年项羽用什么指挥部队、传递信号呢？中国成语中有一个词，叫作击鼓鸣金。这个成语说的就是指挥部队的两件信号型乐器，即指挥部队向前冲锋的时候用鼓，撤退的时候用金。根据我们所掌握的资料和考古发现可以知道，这里的金指的是錞于。

湖南省张家界市博物馆的镇馆之宝就是一件国家一级文物——虎钮錞于。这尊战国青铜錞于重 4.4 千克，高 42 厘米，椭圆盘首，肩部突出，腹部向下收缩，呈椭圆柱形，中空。顶部中央铸有一只老虎，虎的耳目清晰，张口露齿。尾巴微翘，末端卷曲，造型栩栩如生。因为张家界这件虎钮錞于的壁比较厚，所以

西周　青泾方鼎

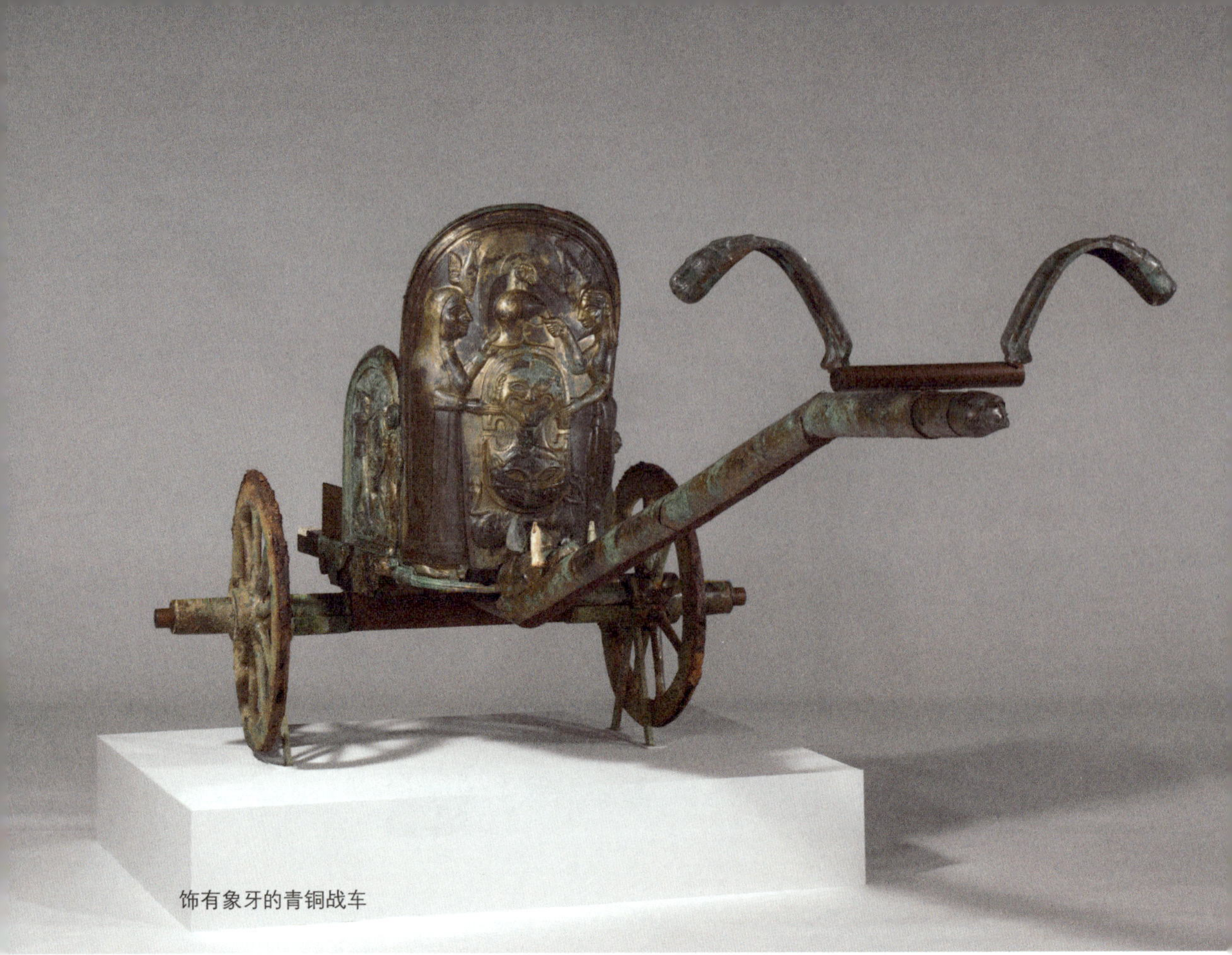

饰有象牙的青铜战车

剑

我们敲击它时，可以发现它发出的声音很低沉，而且能传到很远的地方，据此，我们猜测，项羽鸣金收兵敲击的也应该是镈于。

镈于和锣的形状可谓相差十万八千里，那么为什么传说中项羽的藏宝会是12面金锣，而不是12座镈于呢？对于这个问题，音乐研究所专家的一席话道破了其中的奥秘：试想一下，一般的老百姓哪有考古知识，所以他们完全想象不到平时不常见的镈于会是什么东西。如果他们想要让传说故事口口相传代代流传下去，对于宝藏就要有一个通俗易懂的说法，于是，讲故事的人就用另一个响器的名字代替了镈于，那就是锣。所以，传说中项羽藏宝的金锣指的很可能就是相当于锣的另一件响器——镈于，而不是真正的锣。

如果真如上述所猜测的那样，项羽当年在草湾山刻了藏宝图，埋的宝贝不是12面金锣，只是12座青铜镈于，那么可真的是有些出乎我们的意料，但是毕竟现在宝藏并没有被发现，所以上述的猜测也只能说是一种假设罢了。

放下对项羽所埋藏宝藏真实是何物的猜测，我们来看看那张藏宝图，对于这张藏宝图，民间的解释方法越来越多，有人也怀疑这不是一张完整的图，在山上还有另外一张或者几张，那么在这张藏宝图里，到底还暗含有多少八卦呢？

项羽宝藏神秘解读

2000多年来，无数人研究过草湾山上的字符，但至今仍无人能解开这些字符的含义。据说明末清初绍兴的著名学者张岱企图解开字符之谜，而在草湾山住过数月，结果他失望而归，未能如愿。张岱是我国明末清初的文学家，他爱好广泛，颇具审美情趣。他喜欢游山逛水，深谙园林布置之法；既懂音乐，又谙弹琴制曲；善品茗，茶道功夫相当深厚；喜欢收藏，鉴赏水平很高；精通戏曲，编导评论都要求至善至美。这样一个有大学问、真见识的名家都未能解开项羽藏宝字符的奥秘，可见这神秘字符解谜的难度之高。

《史记·项羽本纪》中有这样的描述："项梁（项羽叔父）杀人，与籍（项羽）避仇于吴中……秦始皇帝游会稽，渡浙江，梁与籍俱观。籍曰：'彼可取而代也。'梁掩其口，曰：'毋妄言，族矣！'"显然史书中对项羽和叔叔项梁在项里村隐居过已有简略的记载，所以说，对于历史中的种种谜题，有很大一部分可以在历史中寻求答案。

当地村民这样解释《史记·项羽本纪》中的记载，他们说："《史记》中提到秦始皇曾游历会稽，这个会稽就是我们旁边的会稽山，我们这个村离会稽山也就十几千米。既然《史记》中都提到项羽看到了秦始皇游历会稽山，那项羽在我们村生活过就是有可能的！"

不过，对于这个说法，我国著名历史地理学家、复旦大学教授葛剑雄教授却不认同。他说："项羽不可能在绍兴项里村生活过。《史记》中提到的'会稽'指的并不是绍兴的会稽山，而是当时的'会稽郡'，这个郡主要包括今天的江苏南部和浙江大部分。"

虽然葛剑雄教授如此说，但也不足以否定项羽在项里村居住过的说法。因此，葛剑雄教授进一步解释说："当时项羽跟随其叔父项梁避难'吴中'，这个'吴中'指今天的江苏苏州一带。而苏州在战国时期是楚国的属地，那里生活着很多楚国的旧部，所以作为楚国大将后代的项羽就在苏州地区避难。而且楚国的旧部当时在苏州地区还很有势力，他们多数都生活在城里，项羽和项梁为了招集起义军马，自然会跟他们在一起。也就是生活在苏州地区，跑到浙江项里村那个偏僻的小山村去招兵买马是不可能的。"

一些专家据此认为项羽宝藏、神秘符号是基于民间传说推测出来的，缺乏一定的科学性。然而有时候民间传说也能为我们提供重要的线索，有时传说也不是空穴来风，人们没有更多的发现，只是因为我们缺乏适当的解读而已。

就像项羽金锣神秘字符，就已经有人概括出这样几句话："庙前庙后，三角田头，三眼桥头，三岔路口，有十二面金铜锣。"这几句话里的地址具体在哪儿呢？有一个研究乡村项羽文化多年的人到草湾山以及周边仔细考察后，做出判断，项羽当年埋藏的宝藏可能就在项里村村口的一口枯井下，遗憾的是，枯井目前已被新修的水泥马路填平。

此人说：破译句中的"庙前庙后"，就是说宝藏在项羽庙的前后；"三角田头"指的是在项羽庙不远处的一个三角田地；"三眼桥头"的位置起初难倒了他，他在项里村附近找遍了，也没有发现有"三个眼"的桥。一次偶然的机会，他听项里村的老者说，村头小河的项羽庙附近有一座三个桥洞的小桥，后来修路拆掉一个洞，于是，"三眼桥头"这句话也迎刃而解了——它就是现在项王庙旁边的只有两个桥洞的小石板桥，桥下是清澈见底的小河流。至于"三岔路口"就更好找，那就是石板桥附近的一个三岔路，现在被修成了两米多宽的水泥路，贯穿整个村子。

此人根据自己所破译的字符，分析出藏宝地点是在村口水泥路的住宅区边上，令人奇怪的是，虽然他破译了字符，可是他却一直没有去实地挖宝。虽然有一种可能是，此人觉得自己只是推测，也没把握。不过项里村的村民得知这个推测的地点后，也没有采取挖宝行动。对此有一个村民解释说，他家20世纪80年代在马路边盖房子时，就挖了一米多深的地基，也没有发现有什么金锣，所以对于这个推测，当地人是不太相信的。

多少年来，项羽宝藏的传说一直在当地流传着，然而当"宝藏埋藏点"有了着落时，当地人却不为所动，连"挖开马路看一看"的想法都没有，这不能不让人感到奇怪。刻有神秘字符的石头依然在草湾山里安静守候着，它守候着的可能并不是一笔宝藏，而是有关宝藏的那一份让人追索的神秘。

战国虎钮铜镎于

方腊石窟藏宝：关于一块奇石引发的大起义

方腊是北宋末年的农民起义领袖，他在青溪帮源洞誓师起义后，迅速占领了包括今江苏、浙江、安徽、江西的 6 个州 52 个县。尤其是在攻下富庶的杭州城后，他从中获得了大笔的金银财宝。

方腊将从杭州得到的金银财宝运回了誓师地帮源洞，据说，那些金银财宝堆积成山，然而，仅过了几天时间，那像山一样高的金银财宝就消失了踪迹。这些金银财宝去哪儿了？没人知道。甚至童贯在方腊兵败被俘后，攻入帮源洞，挖地三尺，也没有找到那些金银财宝的踪迹。

方腊洞是方腊被俘的山洞，它的周围有很多大大小小、深深浅浅的溶洞，是当初方腊百万藏兵之所，如今这些洞口很多被封，让人无从查起。可以肯定的是方腊洞的洞穴很多、很大，千百年来，无数的寻宝人纷至沓来，但全都空手而归，所以这里面是否有宝藏，至今仍是个谜。不过，大多数人都相信，方腊宝藏应该是存在的，而且是一笔富可敌国的巨大宝藏，因为那应该是他复国的资本。

青山中秘藏石窟的传说

方腊洞位于杭州千岛湖镇的辉照山上。千岛湖镇属于今杭州市淳安县，它位于上海和黄山之间，是一个背山面水的滨湖山城。这里有着湖城相融，湖山相映，翠色起伏的美丽景观。另外，这里的佛教寺庙、文物保护单位都得到了很好的保护，所以直到 2005 年 10 月，人们才在千岛湖镇发现大型古代石窟群。这一大型古代石窟群是 20 多个大小不一、景观各异的古代建筑，就位于仅距千岛湖镇 1000 多米的辉照山上。

专家推断，这个规模恢宏的怪异石窟群古迹，距今已有上千年的历史了，关于这些石窟，传说纷纭。

传说之一，这是古代人采矿所致，但是有专家对这一传说否认了，因为观察洞里，并没有发现任何矿物或矿化蚀变现象。有人提出，这里会不会是古人采灰岩烧制石灰的地方？然而专家仍否定了这种猜测，因为淳安一带灰岩分布还是比较广的，而且地表开采比派人挖洞穴开采灰岩安全、省钱，所以这种猜测是站不住脚的。

传说之二，在古代，辉照山一带常有土匪出没，那些土匪为了不被官府轻易发现剿灭，就在山上挖了山洞居住，所以那些大大小小的石窟就是土匪的老巢。

传说之三，那里是宋代末年方腊隐藏兵马的地方。因为在这些石窟的山顶有几百亩平地，可以让他训练士兵，耕种粮食，为起义做准备。传说，方腊在起义前在这些石窟中藏兵，在兵败后则在这里埋藏他从各地获得的金银财宝。后世之人，为了寻找方腊的宝藏，又对石窟进行了挖掘，所以这里的石窟才会有大有小、深浅不一。

传说之四，北宋宋徽宗很喜欢花石竹木，就在江南开设了"苏杭应奉局"来为自己提供花石竹木和奇珍异宝，辉照山上的这些石窟，据说就是当地人为了给他提供奇石、怪石而挖掘的山洞。这一传说的依据就是今人在清理石窟洞穴时，清理出了许多奇异怪石，特别是在洞口，人们发现不少有奇花异草造型图案的奇石、石笋和能发音的响石。

传说之五，这些石窟是古代当地人的环保巢居。因为淳安是山越文化和新安文化交融的古人类活动区，山越人惯能"习水使舟"，所以他们各个部落会巢居石窟。

还有其他的传说，如朝廷秘密备战之用；如古代当地人为当权者开挖地下宫殿之用；如贺齐屯兵之用；如为祈福传道修建佛像之用；等等不一。这些传说让石窟群蒙上了重重迷纱，使得人们"入洞尽是探奇者，出洞全变猜谜人"。

这些石窟洞穴到底是何时、何人、为何而挖，至今仍还是有待地质、考古和社会各界专家学者进一步研究的谜，虽然此谜至今无人能解，但此处是方腊藏兵藏宝之说还是得到比较多的人的认同的。

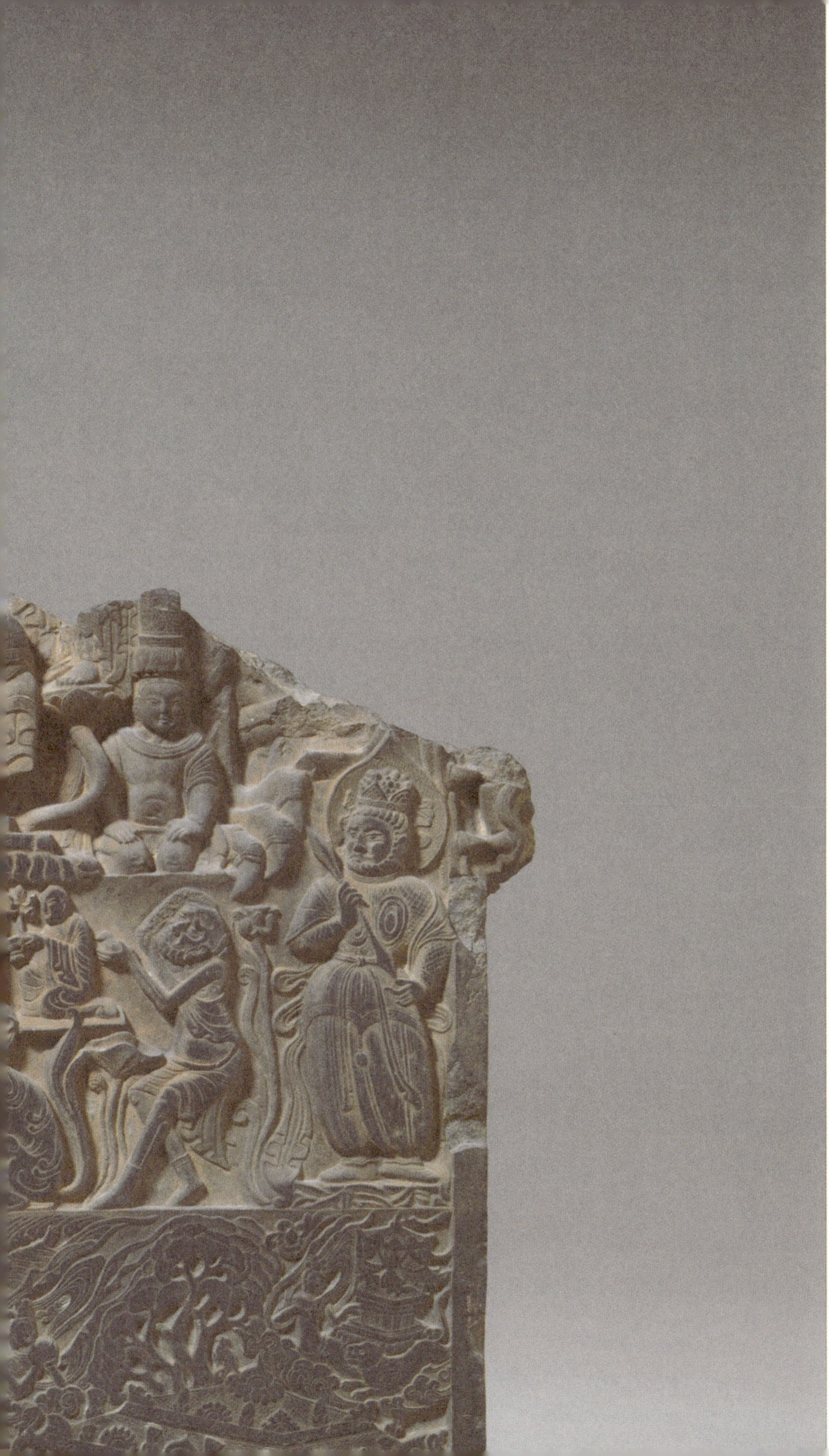

宋代半身佛像

天斧神工的石窟群

　　千岛湖石窟群共有20多个大小不一的石窟洞穴，在这些洞穴中，规模最大、最长的大概长约2500米。专家运用科学技术，通过对这些石窟中石乳形成、生长的时间，洞穴中人们采挖废弃的渣子的胶结情况的推断，再综合淳安县的人类文明古迹与发展史推断，这些石窟应该有上千年的历史了。专家虽然推断出了石窟修建的大概年代，但是他们认为这些石窟全部都是修建在山腰和山顶上，与千年前当地人沿江而建的习惯截然不同，所以专家们对于这些石窟洞穴的修建原因仍是不解。

　　千岛湖石窟群现已清理出来三个洞穴——风洞、龙洞和水洞。风洞位于辉照山的山腰，洞穴面积大概有500平方米。进入洞穴后，可以明显看出这里面分三个区块，为正厅和左右偏厅。风洞里因为有三个通风口，所以空气还是比较新鲜的。对于风洞，大家都认为，这里应该有古代人在此生活过，因为左右偏厅中人类生活过的痕迹很明显。

　　离开风洞，顺着山路向上走大约200米，有一个比较大的石窟洞穴，那个洞穴被人们称为"龙洞"。进入龙洞洞穴，最先可以看到的是一个面积有50平方米左右的大水池，即龙池，那应该是古代生活在此的人接收雨水用作生活水之处。因为就在水池的上面，有一条长约6米、宽0.5～2米的裂缝直通到山顶，在裂缝的下方，还有一个曲幽通直的小洞，紧挨着大水池。龙洞洞穴主要有两个大厅，两旁还有数个小洞。在龙洞内厅顶部倒挂着大概一两百只蝙蝠，在内厅石壁上隐隐约约有一尊两面菩萨头像浮现。

　　水洞是三个洞穴中最大的一个，它的面积足有1500平方米。虽然水洞的面积是最大的，但它却是所有石窟中地势最低的。水洞是递进跃层式结构，顺着大厅中的台阶拾级而上，就是专家考据后认为的古代人的居室。

　　水洞里有很多石柱，最大的一根要七八个成人合抱才行。在大厅的一边，有一口泉水，无论当地多么干旱，那口泉水也不见少，始终是清澈甘甜，甚至还能看到一些始终长不大的乳白色的小虾在里面游动。

　　专家们说，以石窟中洞穴的分布来看，外层应该是侍卫们住的地方，再往里则是仆人们住的地方，最靠里的洞穴就应该是首领住的地方，所以那里特别宽敞。居住的地方等级如此分明，那么当时是谁在此居住呢？

奇石引发大起义

因为石窟中等级分明的布局，所以人们对此处是方腊藏兵藏宝之处就更为相信了。方腊又叫方十三，他是睦州青溪（即今浙江杭州淳安县）人，北宋末年著名的农民起义领袖。

虽然北宋末年朝廷腐败，外敌内乱频繁，宋徽宗赵佶仍穷奢极欲、纵情享乐。即使当时土地兼并十分严重，宋徽宗仍命人修建延福宫、万岁山，来供他享乐。宋徽宗这样做，不但耗费了人力物力，而且加重了对民脂民膏的搜刮，阶级矛盾也更加深了。

可是宋徽宗对此完全不顾，为了他新修建的皇家花园中能布置上奇花异石供其玩赏，他特派朱勔等人在苏州设置了一个"应奉局"，强令江东各地官员搜集花石竹木和珍异物品上京。当时，每十船组成一纲，所以人们又称其为"花石纲"。为了装满"花石纲"，应奉局的衙役们每听到哪个老百姓家有较别致的石头或少见的花木，就说也不说地闯进去强夺而走。

不仅"花石纲"阻碍了粮食的运输，而且应奉局增加的苛捐杂税多如牛毛，逼得百姓妻离子散，加上连年灾荒，百姓饿死无数。在这些矛盾的积压中，农民起义的火花不断孕育壮大。方腊起义也是缘于这些矛盾。

据说，当时方腊和兄弟们正在东山坡上开辟一块新梯地准备种粮食。就在梯地快要整理好的时候，他们发现在梯地中央有一块光溜溜的大青石。方腊看到兄弟们都挖不动这块大青石，就扛着一把三十来斤重的开山锄，砸了大青石三下，没想到大青石并没有被砸碎，反而在山坡上翻了一个身，滚下山去了，露出在它下面的一块白里透红的斗大玉石。

看到这块玉石，方腊很高兴，跳下去抱起了玉石，兄弟中有一个"百事通"对方腊说："老人们说过，像玉石这种宝贝，只有福大命大的人才会有缘得到，没有缘分、时运的人，即使得到了玉石，也会失去的。"

听了"百事通"的话，兄弟们纷纷祝贺方腊，可是其中的"机灵鬼"却并不高兴，其他人问他原因，他说宋徽宗十分喜欢奇花异石，如果让应奉局的官吏们知道方腊得到这么一块奇石，他们一定不会放过他的。

这时，一个兄弟气愤地说，这块玉石是方腊得到的，又不是应奉局的官吏得到的，他们怎么能不讲理地硬抢呢？

"机灵鬼"说应奉局那些官吏如果讲理，他们就不会穷困到这种地步，天下也就不会这么乱了。

果然在半个月后，应奉局来人了，那些衙役大模大样地叫喊着让方腊交出县太爷的玉石。听了衙役的话，方腊知道他们要硬抢，便说那块玉石是自己的，不是县太爷的，可是衙役们根本不管这些，只是霸道地让方腊交出玉石。

看到衙役蛮不讲理的样子，方腊的兄弟亮出一把明晃晃的柴刀，对衙役们说如果再强抢玉石，就要了他们的命。衙役们一看不好，立刻跑了。可是事情并没有完，隔了两天，应奉局就派出了一队兵马，去强抢方腊的玉石。

这队兵马在去抢玉石的路上，嚷嚷着玉石圣洁，要献给皇上，不能冲了邪气，必须直路过去取回。所以他们看到民房就拆掉，看到庄稼就毁掉，看到不顺眼的老百姓就一顿重打。看到被毁的家园和粮食，老百姓很生气，最后在忍无可忍之下，他们一拥而上，把这队官兵打得头破血流。

县太爷听了逃回的人所说的情况后，立刻调来五百士兵，杀向桐树坞，准备剿灭造反的老百姓。方腊和兄弟们奋力砍杀，将这五百士兵全部杀死了。方腊和兄弟们杀死这些官兵后，前来助威的老百姓欢呼雀跃，方腊看这么多人聚在一起，就想起了他一直都有的起义的念头，现在天时地利人和都有了，他立刻决定组织百姓起义。

方腊在得到百姓的拥护后，就打着杀朱勔的旗号，发动起义。他担任起义军的统帅，自称"圣公"，并令各级将士裹着各色头巾，作为区分标志。起义军都是由当地深受贪官污吏残酷压迫的百姓组成的，所以愤怒的他们杀死了昔日压榨自己的官吏们，焚烧了官吏们的住宅，瓜分了官吏们搜刮百姓的金银财宝。因为在起义军中百姓既能报仇，又能吃饱穿暖，所以越来越多的百姓响应方腊的号召，加入了他所率领的起义军。方腊在很短的时间内聚集了几万人马。

对于方腊起义，当地官府自然不会坐视不理，他们派兵前往镇压。然而，此时的方腊起义军士气正旺，所以不只官府所派的士兵都被打败了，甚至还有

北宋 彩捞石雕僧伽和尚像（石灰石） 88.9厘米 ×57.2厘米 ×52.1厘米

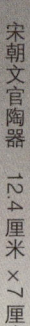

宋朝文官陶器 12.4 厘米 ×7 厘米

宋代士兵陶器 高 8.6 厘米

两名将领也被杀了。获得此次大胜后，方腊带领起义军乘胜攻进了青溪县，赶跑了那儿的县官。接着，他带领起义军又打下了几十座县城，很快他便率领起义军打到了杭州。

方腊率领起义军在打下县城时，处死了那里的贪官污吏，将他们贪污的金银财宝全部没收。这些金银财宝，方腊除了将一部分用来救济百姓，一部分用作军饷外，还有一大部分被他秘密藏了起来。

方腊一向喜欢凿窟为营，踞洞为寨，如他誓师的地方就在青溪西北的帮源洞，之后更是将那里当成他的政权建立地。除了帮源洞，方腊还开凿使用过帮潭洞、青源洞、梓桐洞、方腊洞和青溪洞等诸多洞窟。传说方腊隐藏起来的金银财宝就被他藏在这些人工开凿的某一洞穴里。所以，虽然方腊起义至今已近千年，人们却仍对他曾经盘踞的洞穴十分感兴趣，想探寻出他埋藏的宝藏。

"八十一处" 藏宝洞

方腊到底将那一大笔金银财宝藏在哪个洞窟里呢？民间传说认为他很可能会将金银财宝藏在帮源洞里，也就是后来改名为方腊洞的洞窟里。民间传说为什么会这么认为呢？

原来位于淳安县叶家乡洞源村西北面1千米的长龙山腰上的帮源洞，是方腊起义的发起地，他在这里誓师起义，正式确定了他的起义军首领之位。然而一年后，他兵败，又与妻子、儿女退守回这里，最后还在这里被俘。可以说，帮源洞对方腊有着不同的意义，所以如果他要藏宝，这里的可能性是很大的。

另外，这里的地形地貌也很适合藏宝。帮源洞洞口是一个倒梯形，

北宋铜钱

147

它垂直于山坡，洞高有 1.89 米，洞口上边宽有 1.45 米，下边宽有 1.11 米，洞窟进深（除去底部的两个洞穴）有 22.16 米，整个洞窟的平均高度在 3 米左右，平均宽度却只有 0.70 米，尤其是从洞口至距洞口 9 米的地方是最狭窄的，仅有 0.36 米；而到距洞口 13.60 米的地方，洞窟高却有 4 米，而宽则有 1.30 米，到这里才开始容一人自由进出。而到距洞口 22.10 米的地方，洞窟分岔了，一个分岔是往下垂直 3 米的第二个洞穴，那个洞穴长 1.80 米，宽 0.90 米，很适合存放东西。另一个分岔则是往南，向下垂直 0.8 米，即第三个洞穴，那个洞穴长 3.40 米，宽 2.30 米，可以容纳十几人在里面坐卧议事或藏身。

传说中方腊另一个藏宝地是在安徽省南部黄山市休宁县境内的齐云山中。齐云山因其"一石插天，直入云端，与碧云齐"的地貌而得名。

据说在 890 多年前，方腊起义后有一段时期与朝廷作战屡次受挫，为了改变不利局面，他便率军退守到齐云山，在其上的独耸峰安营扎寨，以抗击官兵的围剿。

本来，凭借齐云山上险要的崖涧、天生的云雾和有利的地形，方腊完全可以打败官兵，然而起义军出现了叛徒，他们决了池水，烧了起义军的粮库，使方腊的起义军陷于绝境中。方腊无奈之下，只能下了齐云山，退回帮源洞。如今虽然已经过去 890 多年了，可是人们在齐云山独耸峰上仍可发现天池和方腊命人开凿的洞窟遗迹。

再一处可能的藏宝地点，是方腊在淳安长龙山和休宁齐云山开凿的洞窟。据说方腊在此苦心经营过，所以这一处藏宝地点，也是寻宝者比较关注的地点之一。

还有一处，就是前面提到的千岛湖石窟群，虽然此地藏有方腊的宝藏只是当地的传说，可是经过专家与寻宝者的实地考察，发现当地的石窟群中有不少议事厅、休息室、水井等人工建筑，甚至还有囤粮的洞穴，养鱼的水池，舂谷、碾硝的石臼等物什。因此方腊在此藏宝的传说还是有一定的可信性的，因此此地也吸引了不少前往访幽探奇的来客。

方腊虽已死去 890 多年，他生活过的石窟也被人们逐渐发现，可是他所藏的宝藏却一直没有踪影，可能它正隐藏在石窟中某个秘密的角落，等待我们进一步探索。

大海盗吴平的藏金窟：一段皇帝与海盗的传奇

在闽、粤、台三省交界的海面上，有一座美丽的海上绿洲——南澳岛，在南澳岛上流传着一个关于宝藏的传说，这个传说还与南宋末代小皇帝和一个大海盗有关。

这是怎么回事呢？原来，传说在距广东省汕头经济特区仅 11.8 海里，东距台湾高雄 160 海里，北距厦门 97 海里，西南距香港 180 海里，处在台北、厦门、香港这三大港口城市之间的南澳岛上埋藏着富可敌国的巨大宝藏。

关于南澳岛埋藏有宝藏的传说是从什么时候开始的呢？有关学者经过追根溯源，发现早在宋朝末年，在当地就有南澳岛上埋藏有皇家宝藏的传闻了，至于传说南澳岛上的宝藏是大海盗吴平所埋，则是到明代时才流传出来的。

无论是皇家宝藏，还是大海盗的宝藏，都让无数人为之热血沸腾，他们前赴后继地赶到南澳岛，希望能找到在这里埋藏的宝藏，然而他们最后都失望而归了。

到底南澳岛上有没有宝藏？如果有，它埋藏在区区 100 多平方千米的小岛的哪里呢？如果没有，为什么当地又会流传着这样一个传说呢？

皇家宝藏缘何落入南澳？

南澳岛位于广东省和福建省交界的洋面上，南海和东海的交界处，由本岛和附近 30 多个大大小小的海岛组成。南澳岛有"潮汕屏障，闽粤咽喉"之称，它除了有着重要的战略地位，还有着优美的风景，所以当时宋朝末期两位皇帝赵昰和赵昺才把行宫修建在这里。

《南澳志》中曾记载：南宋景炎元年（1276 年）五月，赵昰在福州称帝，人称宋端宗。但很快他便受到了元兵的追逼，无奈之下，他于十一月，和弟弟赵昺以及一干人众一起逃亡到南澳岛，在澳前村东面修建了行宫，两兄弟就住在行宫之一的太子楼中。为了方便用水，随从还在东南面的沙滩上挖了供不同人饮用的三口井：即供赵昰饮用的"龙井"，供文武官员饮用的"虎井"，以及供普通士兵、军马饮用的"马井"。

赵昰和弟弟赵昺逃亡到南澳岛后，生活并不安稳，因为元兵仍对他们紧追不舍，所以当看到追兵步步逼近后，他们决定离开南澳岛。赵昰他们虽然是逃亡，但仍带着不少财宝，现在元兵追逼日急，这些财宝怎么办？如果仍带着这些财宝，一是会拖慢躲避追兵的速度，二是怕事有万一，这些财宝反而会助长元兵追剿。想到这，赵昰和弟弟商量后决定，在离开之前，把其中一部分金银珠宝留在南澳岛，等局势缓和之后，再来取出。为了方便日后寻找，他们便在藏宝地附近的石壁上刻下文字。然而事情的发展并没有如他们所愿，在元兵的追杀下，宋朝末帝赵昺投海自尽，他的死亡，使这批被埋藏的宝藏成了千古之谜。

南宋龙泉窑青釉裂纹瓷器　高 27.9 厘米

这批宝藏在哪儿呢？有人推测，就在太子楼不远处的一堆巨石里。如果这堆巨石里真的有宝藏埋藏，那么，想得到它，首先要做的，就是解开摩崖石刻上的文字之谜。

要破解摩崖石刻上的文字并不容易，虽然当地人传说，如果谁能将石壁上的文字念成文，解释明白文字的含义，那么藏宝的石壁便会自动开启，里面的宝藏也都归这人所有。然而年代久远，石壁剥蚀严重，如今石刻上只留下了35个文字，可就这35个字还字迹残缺不全，极难辨认。所以直到今日，石壁上的文字仍展现在人们面前，但太子楼藏宝却仍没有被任何人取走。

还有一个传说，也是有关南澳岛宝藏的，这个传说流传了几个世纪，几乎妇孺皆知。传说，以前并没有南澳岛，而是在今南澳岛以东的海面上有一个岛，岛上有座城市，叫"东京"。但不知道什么时候、什么原因，这个岛沉到了海里。与此同时，南澳岛则浮出海面。对于这个传说，当地人都说是听说的，谁也无法证实。有学者认为，这个东京城就是南宋末代小皇帝逃亡时修建的行宫。这个可能性也是存在的，毕竟从南宋末代皇帝的逃亡路线图上，我们可以看到，当年小皇帝确实曾经到过这一带。

对于南澳岛宝藏，还有一件更有说服力的文物在南澳县博物馆陈列着，这是一把宋代古壶。之所以说这把壶更有说服力，一是这把壶就出水于传说中的沉东京的位置；二是这把壶上有龙纹装饰。我们都知道，在我国古代，龙是皇室专用的纹饰，既然此地有皇室物品出水，那么，宋代皇室的宝藏是否与沉东京有着什么关联呢？

据传，宋朝末代小皇帝跳海自尽时，是由宋朝最后一位宰相陆秀夫背着跳下去的，所以，人们在南澳给陆秀夫修了一座墓。可是据查，陆秀夫背少帝跳海的地点是在崖州，那么这里为什么会有他的墓呢？这真让人不解。虽然陆秀夫的墓在他的家乡江苏垣城有一处，在他殉国的崖州也有一处。但人们仍在他曾经辅佐少帝的南澳修了墓，以表达对他气节的敬仰。其实自元代以来，位于南澳的这座墓历朝历代都有过重修，像乾隆时就重修了三次。所以，后人关于宋朝末代皇帝最后逃亡所经过的地方，印象很深刻，传说也就很多了。这些使我们不禁产生了这样一个问题："沉东京，浮南澳"这句话会不会是人们对宋朝的一种纪念呢？

南宋佛像　高 19.7 厘米

海盗吴平藏宝在南澳？

在无法证实传说的情况下，我们还是先把目光转回到太子楼遗址上。这里，在一处硕大的石壁上长着一棵茂密的古榕，石壁下面有一条裂缝，裂缝两边歪歪斜斜地刻着上面我们说过的那行难以辨认的文字。这条裂缝和古榕还有一个故事。据说，宋室宝藏吸引了无数猎奇探秘、碰运气的人来此，但他们都一无所获。后来有一个颇通文墨的商人，他将这些字念成了文，然后就在他解释了八成文义时，石壁裂开了一条缝隙，露出耀眼的光芒。然而这时，从山下上来一个人，正在解释文义的商人害怕来人会争夺财宝，急忙钻进石缝里去取宝。可是他刚一钻进去，石缝就闭合了，商人也被夹在石缝里面，只留下发辫在石缝外面，这条发辫便变成了一株小榕树，天长日久，小榕树长成了古榕。

当然这也仅仅是个传说故事，真实性无法考证，可是，石壁上的神秘文字是否真的能像阿里巴巴里的"芝麻开门"密语一样，带着我们打开宝藏的大门呢？一些专家学者对摩崖石刻的文字进行了猜测。有一位历史教师认为，这个石刻是明末清初郑成功反清复明的檄文。而泰国崇圣大学的郭伟川教授却认为，石刻上的文字"非诗非文"，"应为纬之言、扶乩之语"。

虽然专家学者对摩崖石刻文字的说法不一，但当地人却更相信这就是打开宝藏的密语。就在专家学者对石刻上的文字绞尽脑汁的时候，南澳岛上另一个关于寻宝的谜语，同样也让一些专家学者用尽心思。这个谜语的谜面是："水涨淹不着，水涸淹三尺，箭三枝，银三碟，金十八坛。"这个谜语看起来无头无脑，但是有传言说，谁能破解这个谜语，谁便能找到明朝大海盗吴平的宝藏。

吴平是哪的人？他为什么会做海盗呢？

我国封建王朝历来重农抑商，对外垄断"贡市"（即买卖进出口商品的市场），尤其是明朝实行海禁，严厉禁止海外贸易，对于出海的人，朝廷都视他们为奸徒、海盗。但广东历来都有对外贸易的风气，所以，这里也就出现了很多不守朝廷规矩的海盗。

吴平，福建诏安梅岭人，他原本是地主的家奴，因为无法忍受地主婆的虐

南宋画家夏圭所绘《捕鱼图》　23.2厘米×24.1厘米

宋朝青铜水牛　6.4厘米×12.1厘米

待，为了生存跑去做海盗。吴平为人机警勇猛，自立山头后，不久就聚集了上万人，活跃于闽粤沿海一带，劫掠往来船只，聚集了大批的金银珠宝。

明朝嘉靖年间，戚继光奉命清剿海盗。吴平为了躲避官兵的追逼，在背靠高山悬崖，又有虎屿、猎屿两个小岛做天然屏障的南澳筑营扎寨，过了一段还算太平的生活。但好景不长，潮州总兵俞大猷为征剿吴平，率三万兵马围攻南澳。虽然与朝廷的兵马实力相差较大，但吴平仍凭借地理优势，与对方对峙三个月。朝廷看到此情形，又命浙江总兵戚继光前往助战。

嘉靖四十四年，戚家军到达南澳，安营扎寨。戚继光到达后，与俞大猷定下计策，一是封锁港口，以防吴平逃脱；二是从背后攻击吴平，攻破吴平所倚仗的地理优势。果然，吴平战败，不过，他仍由海路潜水有组织地撤到了海南岛。虽然俞大猷的部将汤克宽、李超的追击都被吴平躲过，但吴平海盗集团只是一些散兵游勇，是无法与当时的朝廷相抗衡的。嘉靖四十五年四月，吴平还是败于闽广水师在万桥山（今越南）的夹击下。这之后，再没有人得到吴平的确切消息。一说有人在南直隶与浙江一带见过他，他已经成为大商人了；二说他在海岛中困饿而死。但吴平到底是死是活，没有人知道确切答案。

放下吴平的结局不说，只说吴平作为一个大海盗，他的财宝一定不少，可是这些财宝去哪儿了呢？据传，当初吴平看到朝廷不断发兵围剿他的海盗组织，他也知道只凭自己这些人是坚持不了太长时间的，于是就将他多年来掠夺的财宝埋藏在南澳岛上。

传言说，吴平在埋藏财宝时，和他妹妹还有这样一段对话。吴平埋好财宝后，笑着问他妹妹："如果山寨被围剿，你是要跟我一起逃走，还是想留下来看管这些金银财宝？"他妹妹很贪财，就说："我愿留下来看管这些金银财宝。"吴平听了他妹妹的话，很不高兴，心里就有了除掉他妹妹的打算。所以当戚继光、俞大猷联军围剿吴平的山寨时，吴平看事不可违，便杀死了看守金银财宝的妹妹，并将她的尸首碎成18块埋于藏宝的地方，随后夺舟逃出海去。

吴平之所以将妹妹的尸首碎成18块，是和藏宝的数额有关，当地也流传着一首有关吴平宝藏数额的歌谣："九瓮十八缸，一缸连一缸，谁人得得着，铺路到潮州。"这18缸财宝到底埋藏在南澳哪里呢？除了吴平和他妹妹，现在无人知道。

不过，有人根据一些资料与当地的传闻，说宝藏可能藏在吴平寨村。吴平寨村在今南澳岛的深澳镇，它是目前可知的第一个以海盗名字命名的村落。既然是用海盗名字命名的村庄，那么在寨内藏宝，也就不失可能性了，毕竟自己的地盘还是易于看护财宝的。但当地渔民却说，现在的吴平寨村早就不是当年的寨子了。而且当初他们盖新房的时候，除了一些残存的围墙和石基废墟，并没有发现任何宝藏。他们只是发现了一块石碑，石碑上也只记载着朝廷清剿威胁海防控制的大海盗吴平的经过。

如此看来，要解开大海盗吴平的宝藏之谜，只能再从谜语入手了，有研究者通过多年的走访调查了解到，这个谜语其实还有上半段："吾道向南北，东西藏地壳。"谜语的不全与谜面的扑朔，让南澳岛的宝藏更加迷离，也更加激起我们的探索欲望。

南澳岛的宝藏到底有没有？如果有，在哪里？又是谁所藏？历史总留下无数谜题，这些谜题都需要人们耐心、细致地探索。

南宋镀金碟　11.1厘米 × 19厘米

野拂藏宝之谜：天门山六大古谜之一

明末，李自成兵败退出京城，国库中的金银财宝掠夺一空。据传，当时其部下野拂负责运输这批宝藏，并分批藏于天门山附近，以备他日东山再起。数百年来，在巨大利益的驱使下，一批又一批寻宝者进山寻宝，但最后都空手而归。

同时，在湖南的莽山林区，也流传着闯王"九驴十八担"宝藏的传说，因为这个传说，又有不少人一头扎了进来，传说是真的还是只是人们的一个美好愿想呢？

野拂藏宝天门山

地处湘西张家界市南郊 8 千米处的天门山，是武陵南支脉的高峰之一，有湘西第一神山的盛誉。关于天门山，一直有个传说，明末，闯王李自成带领着一大帮农民起义军大败明军，攻陷京城后迅速占领皇宫，掠夺了大量金银财宝，后来败退离京时更是将国库中的金银财宝洗劫一空，并由其手下大将李过将军负责藏宝一事，以备他日东山再起。后来，李过为躲避官兵追剿，剃度出家，法号野拂。野拂带着一众徒弟，将之前交予镖局保管的木箱一只一只地装运上船，趁着暮色降临，整装出发了。几天后，船队在古镇溪口境内的五狮寨下平坦村岸边停了下来。五狮寨因其五个山头像五只伏在河边的狮子而得名，山上还有一座庵，名曰五狮寨庵，庵内香火鼎盛。野拂深感此地是个可以安养天年的风水宝地，还可以操练兵马，自耕自足，于是决定暂住于此，顺便等待闯王他日起事的号令。

野拂上山到五狮寨庵求见住持，庵内原本住着二十来个年迈的尼姑，住持真诚地接待了远道而来的野拂，并邀其讲法。野拂与众徒弟在庵内做了小小的休整，不久便向庵主静安师太作别。临走前，静安师太把一封信交予野拂，并嘱咐野拂拿着信前往天门寺，去投靠她的师兄——天门寺方丈。野拂感激万分，将信揣于怀中，与师太告别后带着一帮徒弟乘船直奔天门山。不几日，船队驶进永定境内，野拂带着五狮寨庵静安师太的举荐信来到天门寺，法圆方丈见信后收留了野拂等人，还在天门山寺专门新修宅院给他们住。相传，天门山寺内祖师殿匾额上的"天门仙山"四字就是为他所书。此事在清光绪《永定县志》上有如是记载："明季野拂自夹山寺飞锡此山。野拂为闯贼余党，事败，削发为僧，竟逃天诛。"

野拂最终未能等到李自成起事号令之日，随着农民义军土崩瓦解，清廷的建立，野拂抑郁成疾，不久便去世了，葬于慈利县高峰茅庵。野拂一死，几船金银珠宝再无下落，据说在他临死前，将带来的财宝全部分散藏于天门山中几个秘密去处，只是当年藏宝的民工均被毒死，所以，此说法也无法获得证实。

探访观音山

观音山，位于湖南张家界天门山景区范围内，与天门山相隔数里，宏伟、峻峭。山下有个村子，名叫汪家寨。2001年6月25日，永定区汪家寨村村支书李慈祥和村主任曹玉在村委会中召开村支部会议。李支书在会上发言，号召汪家寨借开发天门山的机会，把观音山这一景点也作为旅游资源进行开发，如此一来汪家寨就能早日脱贫致富了。李支书的发言得到与会人员的强烈拥护，村主任更是提议即刻成立景区旅游资源考察小组，并深入观音山进行探险。

从7月20日开始，考察进行了五六天，一直没有取得重大收获。直到8月15日这天，旅游资源考察队中张金长在路上无意间发现一件锈迹斑斑的东西，他赶紧叫住了李慈祥，两人手挽手，李慈祥抓着一根树藤，张金长又拉着李慈祥，然后由张金长俯身去捡这件东西。张金长拿起这东西一看，原来是一把砍刀的铜柄。因年代久远，刀身已消失不见。显然，这里曾有人来过。第五天，考察小组爬到观音山山顶，一组队员腰捆麻绳，顺着悬崖往谷底下放，在悬崖中间，一个队员发觉脚踩的地方有泥浆般的东西，于是掀开枯枝茅草仔细

明 枏杼佛钜像 74.9厘米×114.3厘米×69.9厘米

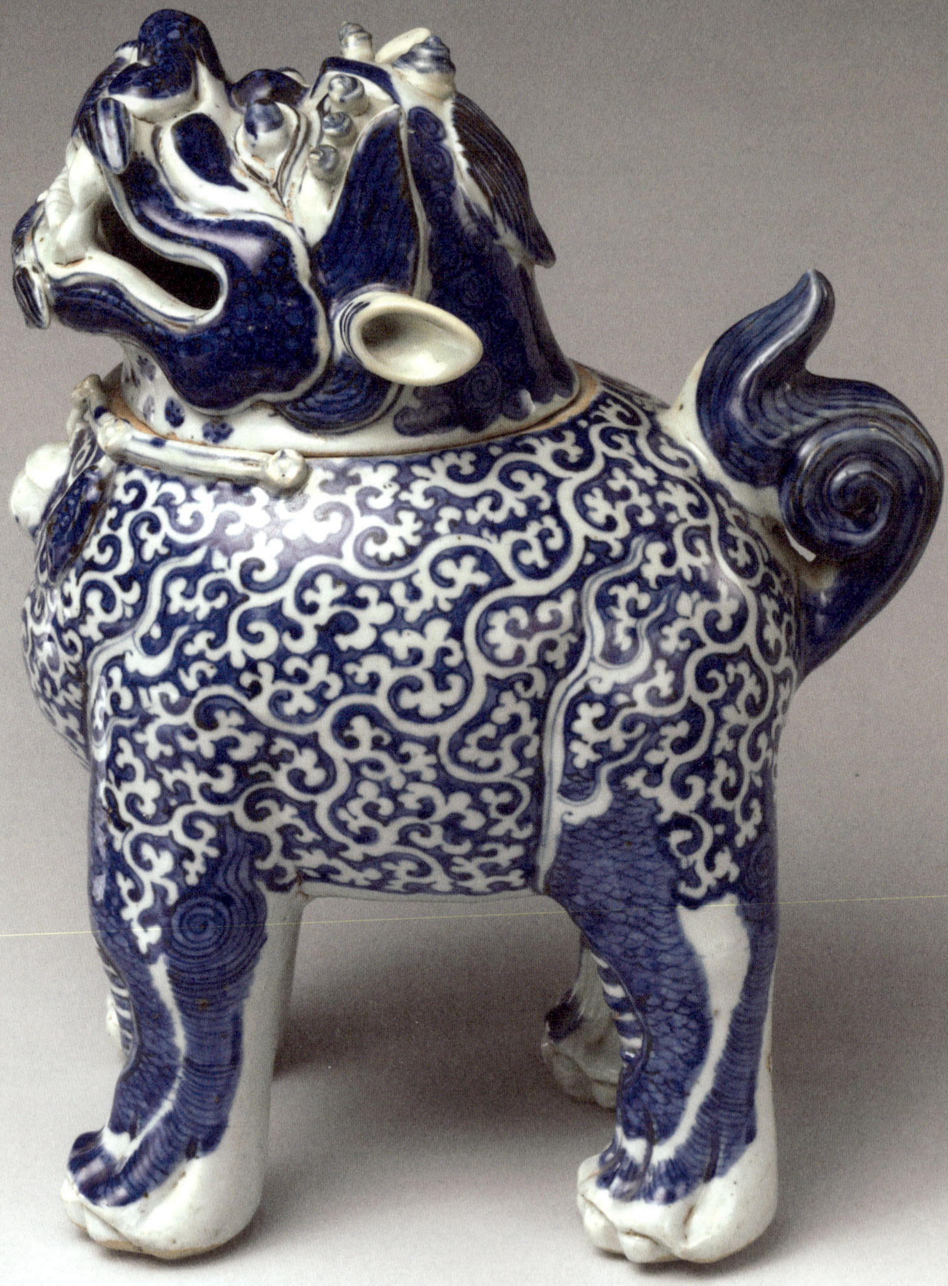

明代景德镇瓷香炉　33 厘米 × 17.8 厘米 × 24.8 厘米

看了一下，发觉此处与天然石壁不同，这里更像是由人工垒好的一块补巴，大小约三丈。当他掰下一块泥块和一片乱石后，又发现泥块中除了石灰和砂浆外，还有一种黏糊糊的东西。他把采集下来的样品摆到考察队员面前，有经验的队员经过分析，一致认定这是一个被封堵的暗洞。面对这一重大发现，队员们决定亲自下去一探究竟。

李慈祥下去后，发现眼前见到的的确是一个朝天石洞，洞前有一小块可以立足的峭岩，但不知为何被人用乱石封堵，如果不仔细查看，极易忽略这一细微的差别。这一发现引起了所有人的兴趣，也让李慈祥陷入沉思当中。考察小组在对封门洞所处方向做好标记后，于下午返回营地。

10月12日，经区旅游局相关领导的同意，李慈祥带队前往封门洞口处进行开挖。经过一系列艰难的挖掘工作，终于在第三天的时候在仅挖出两三米深的洞旁发现一个露出的耳洞。耳洞是空的，李慈祥赶紧划燃了一根火柴，在耳洞的岩孔中发现一根根像乱草根一样的物体，他用手轻轻掏出，拍一拍，物体竟然在手中闪闪发光。"洞里居然有金子！"李慈祥大声惊叫起来。他先后取出搁在岩孔中的金钗、金簪、金箍等物品，共14件。

2001年10月21日，李慈祥在永定区专车及武警护送的情况下驱车前往长沙，将这些珠宝送往省文物局请专家进行鉴定。通过鉴定，专家们一致认为，这是一批元明时期的宫廷饰物，已有几百年的历史。在这14件珠宝中，十七花金钗、鸟头金簪两件，属国家二级保护文物；叶花金钗、素金簪、凤头银钗、凤头银簪、莲花银簪等8件，属国家三级保护文物；其余为一级饰品。此批文物的价值在7000万元左右。仅从耳洞中就掏出如此高价值的财宝，那洞内的财富简直难以估算吧？这些宝物既然确定为元明时期的宫廷饰物，可见建洞的时间应该不会早于元明，那么或许跟李自成藏宝天门山有关，出家后的野拂将宝藏分批藏于天门山附近山头，观音山刚好与天门山只相隔数里。

"九驴十八担"的传说

在湖南南部边陲莽山脚下，有一个至今保存着200年前历史风貌的古老村落——天塘村。村子里几百年来一直流传着这样一句话："石岩冲，三座桥，

163

慢行百步走，三窑金。"据村里的老人们讲述，只要能破解此话的玄机，就能得到一笔巨额的财富，而这财富，正是明末农民起义领袖李自成兵败后在莽山所埋的"九驴十八担"。

20世纪70年代末，正是莽山寻宝活动的高峰期。天塘村内就有这样五个男丁，为了得到这笔诱人的宝藏，在一个夜黑风高的夜晚在祖坟面前发下誓言，不管谁先发现了宝藏，都要有福同享有祸同当。然而，五人辛苦挖了好一阵子，却一无所获。不仅如此，包括这五人在内的前来寻宝的村民，回去后一病不起，甚至有些离开了人世。难道，他们中了亡灵的死亡诅咒？更令人感到害怕的是，村里好多人都看见了一个披头散发的人影，夜幕降临之时更有像"鬼火"一样的东西飘来飘去，吓得老人小孩一到夜里就不敢出门。但有些村民不相信真的有鬼，为揭穿谎言，他们来到村庄后面的大山里面，发现有几个土堆有人为挖掘的痕迹，土堆旁边还散落着陶器和瓷器的零星碎片。原来，村里夜晚出现的一些鬼影之类的都是一些盗墓贼搞的鬼，他们为阻止更多的人前来盗墓，故意装神弄鬼。不过，令人疑惑的是很多有价值的文物竟然被盗墓贼随意丢弃了，显然盗墓贼要找的不是这些东西。那么，他们究竟是在寻找什么呢？天塘村有位德高望重叫谭相吉的老人对此事进行了大胆的推测：这伙盗墓贼要找的一定是传说中李自成留下的"九驴十八担"宝藏。

种种迹象证明，闯王李自成确实到过莽山。至于是否藏宝于此，这恐怕是困扰也是引诱众多探险者前来一探虚实的原因所在吧。在莽山林区内，村民找到一个叫"皇藏岩"的山洞，洞名颇具皇家风范，山洞洞口非常隐蔽，洞内怪石林立，青烟袅绕，寒气逼人。洞口处还设有一平台，并铺有一层防潮的三合土沙层。村民大胆猜测当年李自成所带宝藏应该藏于岩洞之中。然而，最后令人大失所望的是洞内除了一些铜钱外，再无其他。

村民们顿时泄了气，莫非有关李自成携带"九驴十八担"金银财宝的传说，只是一个美妙的故事而已？又或者是藏于某个更为隐蔽的无人知晓的地方。就在寻宝行动陷入绝境的时候，一个新的发现再次燃起众人寻宝的热情。在莽山80里外的白沙圩乡，村民们发现了一块刻有闯王之墓的石碑，碑文为阴刻，如此一来更加证实闯王人生中的最后一站就是莽山。

尽管闯王之墓的发现对于宝藏发掘没有直接的帮助，但却给寻宝指示了一个新方向。或许藏宝的地点没有在李自成军队曾经活跃过的莽山核心区，而是在与之相反的方向。

　　根据新的启示，一行人继续寻宝旅程。他们沿着逆方向行走，在路边的山坡边上发现一堵人为垒砌的石墙，长100多米，宽10多米，共有3层。工程浩大，非一般百姓所能打造。同时在距离石墙不到1000米的地方，还有一个巨大的山洞，叫溶家洞，位于莽山对面，岩洞极大，并有一个水洞和一个旱洞，如果藏人，最多能容纳一万多人。当地村民一直盛传，当年被清军追杀的李自成就曾躲进洞中。溶家洞的洞口因山体遭雷击而被掩埋。

　　为了一探究竟，不少人投身于溶家洞的发掘当中，但时至今日仍然没有人找到传说中的宝藏。

明景德镇瓷碗　直径12.1厘米，高6.7厘米

张献忠窖金：关于"八大王"洗劫成都府的历史记忆

明末，张献忠起义，推翻了明朝在四川的统治，建立"大西国"。后来清军入关，四川境内连年混战，张献忠不得不退出成都。"大西国"最终被吴三桂所灭，而"大西国"多年积存下来的金银财宝却成了一个诱惑众人的历史谜团。成都民间还流传着这样一首民谣："石牛对石鼓，银子万万五。"关于宝藏之谜，有许多猜想和传说，甚至到了20世纪90年代初，成都还掀起一阵寻宝热。这批巨额金银财宝是否如传说中的那样埋在锦江河底或者随船沉入岷江呢？天地之广，最终又能被谁有幸拾得呢？

老虎滩里的银锭

"银子！银子！"伴随着一个农民的惊叫声，一帮人围了过来。2005年4月20日上午，四川彭山县岷江大桥附近的老虎滩河床引水工程建筑工地上忙成一片。施工队正用挖掘机开挖铺设管道的沟槽。10时30分左右，一辆挖掘机在施工人员的操作下挖出了一铲砂土，随着砂土的落地，一截如同朽木一般的东西从砂土中滚落到了地面，所有人都围了过来。经过彭山县文管部门初步鉴定，这批意外发现的银锭是明代的官银。银锭乌黑中泛着亮光，边缘虽然有些残损，但清晰地刻着"崇祯十年（1637年）八月"的字样。这个时间刚好介于张献忠在米脂起义（崇祯三年，即1630年）与在四川凤凰山中箭身亡的时间（顺治三年十一月，即1647年1月）之间。更让人感到欣喜的是，文管人员在现场发现了盛放官银的木桶，这些木桶至今保存完好。一个木桶刚好可以放进10锭官银。成批的银锭，上面所刻时间似乎暗示着其与明末清初纵横川陕的张献忠有某种密不可分的关系。

张献忠，万历三十四年（1606 年）出生于延安府庆阳卫定边县柳树涧堡，当过捕快、军吏，后来因为犯法被除名。崇祯三年（1630 年），张献忠在米脂追随府谷人王嘉胤起义，自号八大王，王嘉胤死后改投高迎祥。1635 年，张献忠参与荥阳之会，决议，同高迎祥等一起进攻东方。不久，张献忠与李自成因故发生分裂，张献忠率领部队进攻长江流域，李自成进攻黄河流域。1637 年，因为遭到明军左良玉部的进攻，张献忠的起义部队损失惨重，一年后，张献忠被朝廷招安。

崇祯十二年（1639 年），重举反明大旗的张献忠转战到了四川境内，1643 年占据武昌，称大西王。不久攻克长沙，宣布免征三年钱粮，因此跟随

明代青铜花瓶　18.4 厘米×15.2 厘米

者日益增多。1644 年 8 月 9 日，张献忠攻破成都，带领着 60 万大军，很快控制了四川的大部分州、县。在成都，张献忠先号称秦王，随后宣告建立大西国，并于 8 月 16 日登基为大西皇帝，改元大顺，以成都为西京。张献忠转战到山西、河南等地，专抢贪官富人之钱财，因而获得巨额财产收入。据说，自起事到兵败而亡的 16 年间，张献忠光烧杀掠夺来的财富都已达到富可敌国的程度。他曾经在皇城举办斗宝大赛，奇珍异宝、金锭银锭摆满了 24 间房子。清顺治三年（1646 年），满清肃亲王豪格和吴三桂率清军从陕南入川，攻打张献忠。清军在川北西充县与盐亭县交界处的凤凰山坡包围了大西军，两军展开了激战，张献忠最后被清将雅布兰射死在凤凰山。

相传当年大西军兵败成都的时候，十几艘大船从新津出发，沿着岷江顺流而下，不想在彭山境内遭到清军的埋伏。清军早就料到张献忠有大量的金银财宝欲从成都运走，于是在此堵截。大西国负责押运船只的兵将眼见敌不过清军的围攻，于是凿沉船只，想登岸逃跑。清军欣喜若狂地登上尚未完全沉没的部分大船，令他们傻眼的是这些船中装载的全是石块。当然，这应该是张献忠所设的障眼法。在成都平原西南部的彭山县还流传着这样一首歌谣："石龙对石虎，金银万万五，谁人识得破，买到成都府。"歌谣中唱的正是在石龙与石虎相对的地方藏着一大批宝藏，谁要是找到了这批宝藏，足以买下整个成都府。张献忠的宝藏应该就在四川，而彭山境内到底有没有沉银呢？

寻宝活动

《蜀碧》当中也对此进行记载："（张）献忠闻（杨）展兵势甚盛，大惧，率兵十数万，装金宝数千艘，顺流东下，与展决战。"

而在彭山县流传着的那句歌谣，歌中所唱的"石虎"与"石龙"在江口镇石盘山的石龙沟中确有其地。清嘉庆《彭山县志》记载："石龙，彭山县治东十五里。其形肖龙，首仄蜿蜒，鬐髭迸露，鳞甲峥嵘，有持雨拿云之势，长三四丈许，若经鬼斧神工者然，与石虎相对。"在石盘山的山路尽头，石龙赫然挺立岩壁，石虎的虎身仍然清晰可见，只是上面的部分头像已经被破坏。

银锭　北京海淀区八里庄李伟夫妇墓出土　首都博物馆藏

杭州银锭　刻有泉州七珍春捧十年

黄金面具

嘉靖三十□□□锭

《蜀难纪行》中关于沉银一事还有更多细节方面的描述：张献忠部队从水路出川时，由于银两太多，木船载不下，于是张献忠命令工匠做了许多木头的夹槽，把银锭放在里面，让其漂流而下。打算在巫山附近江流狭窄的地段再打捞上来。但是后来张献忠部队遭到了阻击，江船阻塞了江道，所以大部分银两沉入江中。而沉入其中的银两数量，根据《蜀难纪实》记载："累亿万，载盈百艘。"

自沉银之后，民间打捞已有多次，民国时期杨白鹿的打捞行动当属规模最大的一次。杨白鹿是清代贡生，同盟会员，当过四川省省长赖心辉的秘书长，在成都国医学院教过书。清末接济了当时在官场犯事的杜姓人士。姓杜的为报恩，将多年来随身携带的檀木匣子转赠杨白鹿，匣内放有张献忠埋银地点的图样。接手后的杨白鹿从未向他人透露此事。1937年冬，杨白鹿与好友马昆山取得共识，准备按照藏宝图上的内容开始挖金。1938年冬，趁河水较小，迅速开挖，结果却一无所获。来年秋天又继续，竟然挖出一个大石牛和大石鼓。本来石牛、石鼓都被挖出来了，"万万五"应该也不远吧，令所有人大失所望的是，等待大家的不是"万万五"，而是三大箩筐的小铜钱。轰轰烈烈的挖银事件最后草草收场。

普照寺与宝藏的关系

成都一带流传着"石牛和石鼓，银子万万五，谁人识得破，买到成都府"的民谣，民谣所唱与彭山民谣基本一致，只是藏宝的标志物换成了石牛和石鼓。看来，藏银的地方不止一处，历史上也有关于另一笔宝藏下落的记载。

在吴伟业《鹿樵纪闻·献忠屠蜀》、彭孙贻《平寇志》以及彭遵泗《蜀碧》等私家著作当中对此事有所记载。清代官修《明史·张献忠传》说："又用法移锦江，涸而阙之，深数丈，埋金宝亿万计，然后决堤放流，名'水藏'，曰：'无为后人有也'。"由此可见，张献忠曾动用大量人力，以治理水灾为名，在锦江筑高堤，之后又在堤坝下游的泥沙中挖数丈深的大坑，将无数金银财宝埋入其中。接着再重新决堤放水，淹没埋宝之地。至于是否在坑旁筑有石牛和石鼓为记，就不得而知了。

明代彩绘木雕善财童子像（椴木胎） 69.9厘米×30.5厘米×25.4厘米

明末清初犀角雕达摩坐像 10.8 厘米 ×8.3 厘米 ×7 厘米

在大西国灭亡的前几年，张献忠义子张可旺率兵进驻灌县，并搜罗 300 名石匠前往大观镇境内的青峰山采石。青峰山属于青城山的支脉，位于大观镇境内，这里还有座普照寺。然而令旁人感到不解的是张可旺监督几百名石匠进山采石，但并未运石出山，山中也未修建任何建筑物或道路。耗时半年，最后 300 名石匠也凭空消失。按照当时的时局来进行推测，张可旺很有可能是接到张献忠的密令，在青峰山以采石为掩护，秘密挖掘山洞或建造地宫，用以藏宝。岌岌可危的大西国政权，一旦被清军所灭，要想复辟是很困难的一件事情。而埋藏财宝，也是为自己铺设一条后路。

建在青峰山麓的普照寺，与这笔宝藏有着难以言说的关系。

普照寺何时所建，现在已无从考证，但清代光绪三十二年都江堰贡生高履和曾在《普照寺源流记》中明确指出普照寺是被张献忠焚毁的。清代康熙年间开始进行修复工作。

同时，在民间还流传着另一说法：当时普照寺有一个叫果时的小和尚，到附近的雪山寺割猪草时，发现有一处地方青草长得特别茂盛，前一天割了，第二天就长出新的来。方丈得知此事觉得有异，遂命寺内和尚暗中进行挖掘，这一挖就挖出了一窑金银。挖出来的这笔金银后被做重修普照寺用。

如果将张献忠青峰山采石与普照寺掘出一窑金银一事相联系，这答案自然就解出来了。当时在大西国专管财物和后勤的是李定国，而后来在普照寺任住持的心莲和尚是李定国的部下，普照寺在心莲和尚的带领下逐步走向辉煌。心莲和尚前往普照寺开创基业要么是护宝，奉李定国之命保护大西国的宝藏；要么就是盗宝，知晓藏宝的秘密，因而心生歹念。显然，前一种猜想可能性要大得多。心莲和尚在大西军彻底破灭后，万念俱灰，在绝望中死去。随着他的圆寂，宝藏一事又被尘封。

石达开宝藏之谜：面水靠山，宝藏其间

俗话说：乱世出枭雄，太平天国作为中国历史上的一段混乱时期，自然也出现过不少枭雄，其中翼王石达开就是当时的枭雄。枭雄们要成就自己的事业，必不可缺的就是金钱。翼王石达开的手中也拥有大量金钱。当他率领的太平军被清军灭于大渡河前夕时，他所拥有的金银财宝，传说却并没有被清军收缴，而是被他藏在一个秘密的地方。

这个地方是哪里呢？既然石达开埋藏宝藏的地点没人知道，那么，宝藏的消息又是如何传开的呢？

原来，在石达开死后，他埋藏宝藏的消息便被人传了出来。佐证这一消息的还有这样一个传闻，说石达开当时留下了一张写有"面水靠山，宝藏其间"八字隐语的宝藏示意图，虽然这一隐语流传很广，然而，直到今日，仍无人能破解这一隐语。

翼王石达开率兵出走

石达开，广西贵县人，生于1831年，卒于1863年，是太平天国著名的军事统帅之一。他在早年加入了拜上帝会，和洪秀全、冯云山、萧朝贵、杨秀清等人共谋举义，发动了金田起义。石达开先被封为左军主将，后又被封为翼王，任先锋，从广西向金陵（即今南京）进军。因军功卓著，石达开成为太平天国的主要统兵将领之一。

咸丰四年，太平军西征，却被曾国藩的湘军打败而节节后撤，武汉失守，九江危急。在此危难之时，石达开奉命率军赶到湖口增援。他一面指挥九江、梅家洲等地的守军顽强抵抗，一面将自己率领的军队分成几路，将曾国藩的湘军水师困锁在鄱阳湖内，并使用火攻计焚烧湘军的笨重大船。石达开的这一战几乎全歼了曾国藩的水师军队，扭转了太平军西征的不利局面。后来他又率军协同燕王秦日纲等部，一举摧毁了清军的江南大营和江北大营，解了清军对天京的围困，使太平天国在军事上进入了全盛时期，石达开也因为这些卓著的军功而得到太平军将士的一致拥护。

1856年夏，洪秀全因对杨秀清"逼天王亲到东王府封其万岁"不满，密令北王韦昌辉回天京调解。然而韦昌辉同杨秀清素有积怨，他在率军回到天京后就杀死了杨秀清及其家属部众两万多人。韦昌辉的这一举动使得天京人心不稳，石达开见此情景，急忙赶回天京，想要调停事端，然而已经杀红了眼的韦昌辉并没有接受石达开的调停，反而还想杀了他。

势单的石达开面对兵多而不听劝的韦昌辉，只能孤身逃离天京。韦昌辉知道了石达开在其部众的帮助下逃出了天京，愤怒之下杀死了石达开的家人和部众两万多人。听到这一消息，石达开从江西前线集结亲兵几万人，返回天京想杀死韦昌辉为其家人和部众报仇。因为事情越闹越大，对太平军极为不利，洪秀全不得不杀掉韦昌辉来平息这场内讧。

天京内讧平息后，石达开本想尽弃前嫌，帮助洪秀全稳定因天京变乱而在太平军中引起的混乱，然而，他的这一片心不但没有得到洪秀全的赞赏，反而引来了洪秀全的猜忌。

有了杨秀清、韦昌辉的前车之鉴，尤其是石达开功勋卓著，在太平军将士中深得人心，手下的部队又是太平天国军力雄厚的精锐之师，此时洪秀全很担心石达开会像杨秀清和韦昌辉一样，对他不利。因此，洪秀全面对石达开时，"时有不乐之心"，"深恐人占其国，使洪氏一家一姓的天下失之旦夕"。

洪秀全为了解除他的忧心，就封了他的哥哥洪仁发为"安王"，洪仁达为"福王"，来管理军队的粮草，以牵制石达开的发展。洪秀全这样做完全忘了他当初对共同起义的兄弟许下的"非金田同谋首义、建有殊勋者不封王爵"的规定，不但没有解决他的困扰，反而伤害了石达开的忠心，将石达开逼到了反叛的边缘。

1857年6月2日，石达开率领所部的20万精兵离开天京向西部而去，以躲避洪秀全可能对自己的"阴图戕害"，但是他又不想背负叛逃的罪名，所以

攻克江浦浦口二城力破九洑洲诸隘图

克复金陵图

在西进的路上，他命人一路张贴布告，说明自己的忠心与清白："吾当远征报国，待异日功成归林，以表愚忠耳。"

石达开本想多立战功后回归太平军中，然而在无根的情况下四处转战，形势极为不利，他想再次获得军功的愿望落空了。在与清军的多次交战中，石达开率领的军队损失惨重，又因为没有属地，缺少草粮供应，将士们的士气很低落。曾被石达开打败过的湘军统帅曾国藩看出了这一点，很高兴，他认为以石达开目前的情形，自己报仇雪恨的机会到了。他说，石达开"既钝于浙，钝于闽，入湘后又钝于永、祁，钝于宝庆，裹胁这人愿从者渐少，且无老巢以为粮台，粮米须掳，子药须搬，行且自疲于山谷之间"。因此他加紧了对石达开部的围攻。

面对缺草少粮、兵疲马困、又被湘军四处围堵的情况，石达开无奈，只能带领军队退守到长蛇岭，转战四川，想避开湘军的主锋。然而，即使他采取这些做法，仍无法阻止被湘军大败的结局。最终在大渡河畔，石达开部陷入清军的重重包围，进退无路。

清军虽然将石达开逼入了绝境，但石达开的军事能力还是很得清廷欣赏的，所以清军派人劝降石达开，承诺只要他投降，就保证他所率领将士的性命无忧。石达开很爱惜自己的士兵，为了保住他们的性命，决定投降。他说，希望骆秉

清代掐丝珐琅旧约圣经四人物

章、唐友耕等清军统帅能依书赴奏，"请主宏施大度，胞与为怀，格外原情，宥我将士，请免诛戮，禁无欺凌，按官授职，量材擢用，愿为民者散为民，愿为军者聚为军"。然而清军并没有遵守约定，不仅扣押了石达开父子，还将石达开想保下的士兵全部杀害。6月27日，石达开被骆秉章等人在总督府会审后判处凌迟极刑。

虽然石达开被凌迟处死有相关记载，但民间还是有不同的说法。一种说法较为详细。说石达开并没有被清军围困住，而是突围出来了，之后他也没有回归太平军中，而是带着余部和大量的金银珠宝逃进了贵州与广西交界的丛山中，并在那里修筑了一座山寨，藏兵驻军以待东山再起。然而没过几年天京被清军攻破，洪秀全病逝，太平天国彻底失败。石达开也失去了再次出山抗敌的雄心。另一种说法则较为简单，说当时投降的是与石达开长得极为相似的他的养子，他本人则在清军围剿当时就带着几个心腹化装逃走了。据说，还有人曾在四川见过隐居的石达开。无论哪种说法，石达开留有宝藏应该是真的，那么，石达开的宝藏藏在哪儿呢？这一疑问又牵出了国民党四川省主席刘湘派兵挖宝一事。

安顺场刘湘挖宝

刘湘，字甫澄，四川大邑人，他对当地传闻的石达开有宝藏埋藏极为相信。刘湘认为，石达开作为太平天国的重要将领，肯定会有大笔金银财宝来支持他的军事行动，可是最终他被清军围困于大渡河，无论当时他是想突围还是等待被擒，对于他所拥有的金银财宝，他肯定会有一个妥善的安排。而且传闻说清军剿灭石达开所部时，并没有收获大笔金银，所以刘湘认为，石达开应该是将这笔财宝埋藏了起来。至于石达开埋宝的地点，刘湘认为应该就在四川省石棉县境内紫打地（即安顺场）高升店后山坡下。因为据说石达开及所部就是在此处被清军俘获的，那里地势险要，是一个藏宝的好地方。

据说在1937年，刘湘秘密调遣了1000多名工兵前往紫打地挖掘石达开宝藏，工兵们凿开山壁后，发现了三个以三合土封固砌着石条的洞穴门。

因为洞穴十分坚固，刘湘派遣的工兵只挖开了前两个有着鎏金铜器、金抹额、银带扣、吊刀、玉额花、袖箭筒、护手、木刻等少量残缺物件的洞穴，第三个大洞穴的开挖被蒋介石阻止了。刘湘原本想等事情平静下来后继续挖掘，可是之后不久他便被蒋介石派去抗日了，挖宝的事也就这样放弃了。

虽然刘湘因外力干预放弃了对石达开宝藏的挖掘，可是传闻说，他并不是民国时期唯一想开挖石达开宝藏的国民党高层。据说，蒋介石也曾打过石达开宝藏的主意。1942 年，蒋介石密令戴笠带人继续挖掘石达开藏宝窖。可是当戴笠带兵到达安顺场紫打地的藏宝窖时，那里的地貌因为山洪引发的泥石流发生了改变，戴笠等人无从下手。蒋介石得知后，只能放弃这一打算。

新中国成立后，政府并没有组织专人挖掘石达开宝藏，不过民间倒是有不少人前往紫打地寻宝，可是他们囿于技术和资金的缺乏，如同戴笠一样，也一无所获。

紫打地的洞穴里是否藏有石达开的宝藏呢？对此，在当地地貌还没有改变时，民国时期的研究人员曾赴现场进行过考察，考察的结果却是认为以那三个洞穴的修筑程度来看，不像是被清军围困的石达开仓促修建的。然而刘湘又从前两个洞穴中发现了一些残缺的物件，如果这些物件不是石达开埋藏的宝藏，那么它们又是谁放在里面的呢？石达开的宝藏又藏在哪儿呢？迷雾不仅笼罩了石达开宝藏，也笼罩了紫打地洞窟。

山王坪藏宝的传说

除了紫打地，传说中石达开的藏宝地点还有一个，那就是重庆市的山王坪。传说石达开藏宝时以"太平山"为标记，然而太平山并不是一座山，而是石达开在藏宝后，命人在藏宝地旁边的悬崖壁上凿出的三个大字，所以当地还流传着只要找到"太平山"这三个大字，就能找到石达开的藏宝洞的传说。

为什么又会传说石达开藏宝在山王坪呢？人们从石达开被围大渡河当时的情形推测，石达开要藏宝，有两个时机可以选择：一个时机是他设计突围之后，一个时机是他在赴清营谈判被陷之前。因为无法确定石达开选择什么时候藏宝，所以，他藏宝的地点也就有了疑问。据说石达开在山王坪藏宝还缘于为一个心爱的妃子建的坟墓。

清代　屏风（牡丹）　软玉，红木底座　直径 29.4 厘米

清代　印　软玉

清 罗汉 软玉

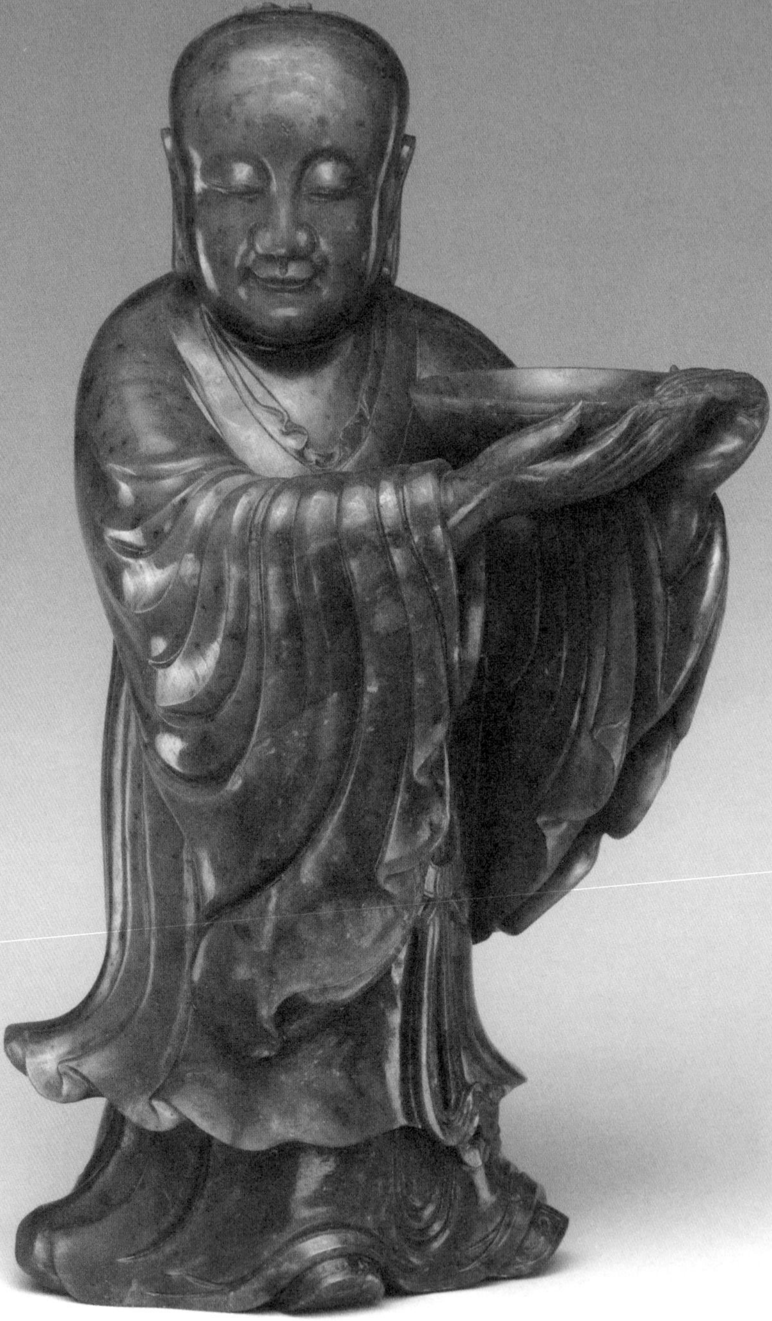

石达开有一位心爱的妃子，她死后，石达开经过精心选择，将她葬于山王坪东南部中心地带——铁厂坪的东北面。铁厂坪东北面是一座独立的高山平地，它东、西、北三面环山，西面还有一向下的陡坡，除了平坝上没有长树木，只是一片草地外，四周都是浓密的原始森林。这里的地形也很奇特，就像一把"太师椅"：整块龙骨石构成了弧形的椅背，平坝则是椅座，所以这里可谓是一个修建坟墓的好地方。石达开于是决定将爱妃的坟墓修建在这个风景秀丽的地方，不过，当时他正被清军追捕，所以为了不让爱妃的坟墓遭清军挖掘，他并没有为其刻碑篆字，而是立了一无字碑。

传说石达开会将宝藏藏在山王坪，就是因为他在修建爱妃墓时，不仅考察了墓地所在山坪，还到墓地正对的一个小山丘看过。到了小山丘上，石达开发现正面的大山好像一尊半卧半坐的大佛，还有一头威武雄壮的石狮守卫在一边；在山顶正面看似乎有一匹双峰石骆驼正要进行长途跋涉，侧面看石骆驼又变成了一头大象。这奇特的地形地貌，点燃了石达开在此埋藏宝藏的想法。

石达开在山王坪埋好宝藏后，为了以后方便寻找，他命人在石狮旁边的悬崖上凿了"太平山"三个大字。然而，让人对石达开藏宝山王坪持怀疑态度的原因是，"太平山"三个雕凿的大字已经被人们发现，然而他所埋藏的宝藏却一直没有踪影，这就不得不令人怀疑这个问题：石达开的宝藏真的埋在山王坪吗？

石达开在乌江流域和大娄山脉一带活动，已经被历史学家证实。而"太平山"和"爱妃墓"等地因为是石达开攻下涪州（今重庆涪陵）后西进綦江的必经之路，所以他在那里埋藏宝藏的可能性极大，不过因为宝藏至今没现世，所以它的具体归属就成了悬念，这也使得石达开藏宝之谜成为与拿破仑藏宝之谜、赤城山埋金之谜、山下奉文藏宝之谜、纳粹藏宝之谜并列的中外军事史上五大藏宝之谜之一。

茶马古道上的宝藏：称雄一方的土司世家

　　茶马古道位于我国西南部地区，是古代人们进行民间国际商贸的通道，之所以称其为茶马古道，是因为在这条古道上，人们主要以马为交通工具，与藏民进行茶马互补性交易。它兴于唐宋，盛于明清，在"二战"中后期最为兴盛。

　　茶马古道分川藏、滇藏两路，连接川滇藏，延伸到不丹、尼泊尔、印度境内，直到西亚、西非红海海岸。可以说茶马古道是我国西南民族对外进行经济文化交流的走廊，蕴藏着无尽的文化遗产，传说中，哀牢土司的宝藏就通过它运往境外。

　　什么是土司制度？它是我国自宋代以来，为了稳固对少数民族地区的统治，通过分封地方首领世袭官职，以统治边疆少数民族人民，建设边疆少数民族地区的一种特殊政治制度。如清乾隆诰封为"云骑尉"的"哀牢土司"，就是承接于宋代的新平大土司李家，因为土司安抚边疆，平息叛乱，维护茶马古道的平安畅通，才被乾隆诰封并世袭承爵的。

　　因为古代交通不便，尤其是在清末，时势混乱，土司制度对维护边疆稳定十分重要，所以它一直存在。直到新中国成立后，土司制度才被彻底废除，世袭爵位数百年的哀牢土司李氏家族因此轰然崩塌。他们几百年来积累了无数财宝，尤其是在混乱的清末和民国时期，李家自立为王，通过贩大烟、设卡收费、造大洋、开工厂等大发时难国财。新中国成立了，李家败亡了，可是他们几百年来积累的财富却没有随着家族的败亡而展现于世人面前，如果他们将这笔财富埋藏了起来，那么藏宝地点在哪儿呢？迄今为止，没人知道这个问题的答案。

最后的哀牢土司李润之

　　李家为什么会被封为哀牢土司呢？这需要从哀牢山说起。哀牢山位于元江与阿墨江的分水岭处，是云贵高原和横断山脉两大地貌区的分界线，它地势险要，又被人们称为云贵高原气候的天然屏障。据说，被乾隆帝诰封为"云骑尉"的哀牢土司最早起于宋代，当时是被称为新平土司的，然而因为李毓芳那一代影响朝廷改土归流的政策，维护边疆稳定，平息了边疆少数民族的叛乱，所以才会被乾隆帝诰封。

李家作为哀牢山的土司有几百年的历史，他们一直掌管着东至斗门界40千米、南至戛洒江25千米、西至漠沙江25千米、北至哀牢山50千米的区域，为了方便控制他们所辖的区域，他们将土司府就建在了新沂市高流镇耀南村的半山腰上。李家作为一股地方势力，尤其是还被朝廷正名的地方势力，他们通过几百年的经营，对当地有着极强的控制力。不过自从清末时局混乱后，李家便由明面上的土司转为了地方乡绅，实际上他们仍通过各种手段，统治着该地区。

然而在1951年，李家最后一位土司李润之被公审枪决，而积累了数百年的大土司李家的财富却不知所踪。

李家作为世袭的土司，有数百年的积累，他们家到底有多少金银财宝，谁也说不清楚，不过，人们查找相关资料，根据对李家最后一位土司李润之的生平，推断出他所获得的财富，进而推断李家大概可能有多少财富。

人们根据资料了解到，在1949年以前，李润之一直是新平及邻近县的重要人物，他创立过"富昌隆"商号，创办过织布厂、枪支修理厂、银圆铸造厂和私立润之中学，在当地士绅中很有影响力，很受当地人的敬畏。

对于乱世来说，要想顺利经商，得到好的发展，武力的支持是不可缺少的，所以早在1926年，李润之就参与到了政治赌博中，在云南军阀混战时，他果断地派出手下前往支持龙云。作为世袭几代的土司家族，李润之有着独特的政治眼光，所以在这场政治赌博中，他赢了。作为回报，他成了云南陆军第五独立团少将团长兼新平、镇沅、景东、墨江、双柏五县联防指挥官，也因此为他成为哀牢山区的最高统治者正了名。

有了名正言顺的统治首领地位，李润之开始了他的大肆敛财历程。在20世纪30年代，李润之先凭借李家几代在哀牢山区的积累，通过商匪结合的方式，经营烟土、茶叶和富昌隆商号。富昌隆商号发展越来越大，可是他也越来不满

头目宝圭由德胜

大并印

足，又先后垄断了迤南烟土运销和磨黑、按板，凤岗盐井所产的滇南盐业，开设了机械织（染）布厂、机械厂、冶炼厂、铸锅厂和造币厂等工厂，除了这些生意，他还派人贩大烟、设卡收费、收租赋、垄断官盐等。就这样，李润之通过黑白两种手段，统治着双柏、景东、镇沅、墨江和新平5个县，聚敛起大笔财富。

李润之因为有武力的支持，所以将因为时局混乱而出现在哀牢山一带的大小土匪以及不服他的人全部剿灭，又因为他聚敛了大量财富，所以没多长时间，他便成了哀牢山区最富有、最具实力、最大的地主。民国时期，到哀牢山区任职的官员，都需要先向他送礼拜会之后，才能正式上任，如果不向他拜会，那么官位也会坐不稳。至于往来于哀牢山区的商队，想要安全通过，不被土匪打劫，就需要购买富昌隆商号出售的三角小黄旗插在车队中才行。由此可以看出，虽然在明面上，李润之已不是哀牢土司了，可是实际上他的权力并不比真正的土司差，可以说，李润之就是地下哀牢土司。

时代发展的脚步打破了李润之长久地做哀牢土司的美梦，尤其是在1947年解放战争节节胜利的时候，李润之更加明显地感觉到自己所想要的长久统治哀牢山区的想法行不通了，他感觉到这场革命会将自己的权力、财势和名望全部带走。虽然李润之感觉得很清楚，可是他仍不想放弃自己所拥有的权力、财势和名望，他想凭借手中的武力，做最后的一搏。

要反抗，李润之知道，自己不能光有武力，还需要金钱支持，所以他首先在大平掌山头的要冲小河上，兴建了商贸一体化的河边街，以发展实业，增强自己的财势。之后他又在戛洒、新平和昆明凤翥街盖了宅邸和商铺，甚至还在河边街两边的梁子上，兴建了造枪厂、造币厂、纺织厂和发电厂等工厂，以增加资本、实力。

除了金钱外，他还需要人力，所以他在河边街西侧的梁子上，兴建了至今还在的云南省私立中学——润之中学，以培养领导人才。同时，他又为了培养实战人才，在任民团团总的基础上，组建了反共第三纵队。第三纵队共有十二个大队和一个直属江防大队，队伍人数近万人，这使他的武装力量在当地无人能与之争锋。

原本以李润之的实力，和新中国成立初期的情况来看，李润之不会那么早便被剿灭，因为当时政府为了当地的平稳政局，并不急于清算罪恶不太大的乡绅。然而，李润之对新中国政府势力和政策估计不足，以为还是如民国时期那样，可以通过下马威来自立一方。在这种想法的驱使下，李润之于1950年4月30日，教唆臣服于他的土匪攻入新平县城，杀害了100多名党政干部和征粮队员；他甚至还不满足，在5月3日，又让土匪将陇西庄园的60余名征粮工作者全部杀害。

因为他接连制造"血染戛洒江""蒿芝地惨案"等土匪暴动，政府终于将其逮捕归案，并于1951年3月25日公审后予以枪决。

通过对李润之生平的考察，可以知道，他聚敛了大笔财富，可是这大量的金银财宝在他死后并没有呈现于世人面前，反而不知所踪了。

众说纷纭的李家藏宝地

李家的财富，尤其是李润之聚敛的大笔财富去哪儿了呢？对于这个问题，人们有几种猜测。第一种猜测是，李润之将这笔财宝藏在了哀牢土司府的暗室中，依据是哀牢土司府占地面积极广，达2700多平方米，房间也极多，有65间，这些都为李润之埋藏财宝提供了便利条件。人们认为李润之将财宝藏在土司府还有另一个重要依据，那就是在土司府正厅四合院里有一些奇异的符号，它们被刻在一块块正方形的青石板地砖上，这些青石板又被安置在四合院的四个角落里。

都有哪些奇怪符号呢？实地考察后便可以发现，在四合院的右边那块石板上，刻着一个不规则的五角星图案；而左边的那块石板上刻着的是既像椭圆又像音符的图案；其余两块与这两个相似。这些符号到底象征什么意义，谁也说不清，可是人们认为应该不是装饰图案，因为它们与土司府里极其工整、精致的雕画极不相称，人们猜测这些图案很可能就是李润之留下的藏宝线索，指示着藏宝所在。

当地人对李家的宝藏还有一种猜测，李润之将李家财宝藏到了哀牢土司府所在的那座山的暗道里，然而暗道在哪里，怎么进入，却没人知道。当地人为什么会有这种猜测呢？据说新平哀牢山野生动物救护中心的郑宏文的爷爷和奶奶就与李润之打过交道，他们听说李润之将李家的财宝藏在了地下暗道里。然而郑宏文的爷爷和奶奶是听李润之说的吗？这一点很值得怀疑，毕竟那是一笔财宝，是李润之的保障与再起的资本，他怎么会这么轻易地就告诉别人？

第三种猜测则是李润之在解放军攻入哀牢山之前，便将李家的财富通过茶马古道，全部转移出境了。这种猜测可不可靠呢？依据又是什么呢？

茶马古道上运走的宝藏

要想知道李润之是否通过茶马古道将李家的财富运到境外，还需要先了解茶马古道。茶马古道起源于唐宋时期的茶马互市。

康藏属于高寒地区，海拔在三四千米以上，那里生活的人们为了抵抗高寒气候，便以糌粑、奶类、酥油、牛羊肉等高热量、高脂肪的食物为主食。这些高热量、高脂肪的食物摄入过多，对人体又会产生坏处，使人产生燥热感，而茶叶既能够分解脂肪，又防止燥热，是藏民必需的饮品。

然而，藏区不产茶，藏民想要喝茶，只能靠与内地的人进行交易来获得。虽然藏区不产茶，可是当地产良马，藏民想要茶，内地人想要良马，这样具有互补性交易性质的市场便应运而生，这就是茶马古道的前身——茶马互市。

茶马互市并不只是交易茶和马，只不过是以它们为主，在互市中还有骡马、毛皮、药材等和川滇及内地出产的布匹、盐和日用器皿等物品的交易。繁盛的交易使闻利而风动的商人络绎不绝地往来于藏区和内地之间，使横断于哀牢山区的高山深谷人声鼎沸，而这川流不息的商队，也给滇、川、藏"大三角"地区踏出了一条神秘的、传播文明文化的古道——茶马古道。

茶马古道并不是一条，具体来说，它是南——滇藏道和北——川藏道两条道路。滇藏道主要是向外运输茶叶，向内输入马匹，所以它起自云南西部洱海一带的产茶区，经过丽江、中甸、德钦、芒康、察雅至昌都，再由昌都通往卫藏地区。川藏道起自今云南大理，向北至剑川、丽江、铁桥城、锛子栏至聿赍城，然后再到盐井，沿着澜沧江向北，到达芒康、左贡，然后分成两路前往西藏，一路经由八宿邦达、察雅到昌都；一路由八宿至波密，过林芝前往拉萨。仔细观察川藏道自南诏至吐蕃的交通路线就可以发现，如今新修建的滇藏公路，

茶道仪

清　紫檀木饭盒　镶嵌宝石珍珠

民国　孙云生　十一面观音像　99厘米×67.5厘米

与其极为相似。

茶马古道上往来贸易繁盛,作为茶马古道必经之地哀牢山区的真正统治者,李润之不可能不插手茶马古道的往来贸易。事实也的确如此,据相关资料记载:民国时期,李润之可以称得上是茶马古道上的一号人物,他有5个马帮,其中有两个远帮。远帮主要走国外,如泰国、老挝、越南、缅甸等国家。当地县志资料中记载,李润之的远帮马帮曾到过法国和英国。可是有关学者在做过进一步考察后认为,所谓的法国可能是越南,因为当时越南是法国的殖民地;而所谓的英国则可能是缅甸,因为缅甸是英国的殖民地。但也有学者否认了这种观点,因为越南人、缅甸人是黄种人,而法国人、英国人是白种人。不过,李润之通过茶马古道,有过对外贸易是可以得到证明的,资料中提供了李润之的远帮马帮出海关时交纳的海关税、武器证明等文件。除了两个远帮,李润之还拥有3个近帮,近帮主要在新平县内活动。

然而李润之虽然有如此庞大的势力,但在解放初期,新平大乱,他的两个远帮出去后,就一直没有回来,李润之因此受到了重大的损失,据说至少损失了100驮银子。不过,对此有人也有怀疑,因为虽然解放初期新平大乱,可是李家本身就是在此地盘踞了数百年的大家族,而李润之本人对新平也有几十年的经营,而且哀牢山区属于边疆,新中国政府在那里的控制力并不强,所以李润之怎么可以因为一点小乱,而失去如此一大笔财富呢?人们猜测,很大的可能是李润之命他的远帮马帮向境外运输李家数百年聚敛下来的财宝。

这个猜测是人们根据做过李家保镖的谢林安老人亲眼看到的事实推断得到的。谢林安老人说,在解放初期,当地政府正在废除土司制度,一天晚上,他看到李家一个由20多匹马组成的马帮驮着东西离开了,因为天黑,离得又远,所以马帮驮着的是什么东西,他就完全不知道了。什么东西需要在深夜出行?人们猜测,很可能是李家的财宝,李润之可能感觉到情形对他不利,所以他就想将财宝另外埋藏起来,以为后备。然而因为作为土司世家的李家的财宝至今仍没有人找到,所以这些说法,也只是人们的猜测罢了。土司宝藏在何处的谜题,也只能等待后人来继续探寻答案了。

第四章

佛寺宝藏

铁山寺：高僧保管黄巾军宝藏始末

铁山寺始建于东汉末年，毁于战火之中。2001 ~ 2005 年间，政府组织了长达五年的寺庙修复工作。

铁山寺的开山鼻祖为僧侣严佛调，严佛调是中国汉人出家第一人；修庙建寺第一人；翻译佛经第一人；自撰经书第一人；还是境外传道第一人。当年黄巾军首领张角将宝藏埋藏于铁山寺，随着藏宝图的烧毁，宝藏究竟埋于何处，至今无人可详说。

汉人出家第一人

严佛调，又称严浮调，简称严调。入佛后他为了显示其身份与佛有缘，遂加"佛"字在名字中，与其相关的文献最早见于南朝梁僧祐的《出三藏记集》和慧皎的《高僧传》。有史记载严佛调"绮年颖悟，敏而好学，信慧自然，遂出家修道"。据传，严佛调 5 岁便能吟诵《诗经》，拥有过目不忘的本领，少年时就表现出了对佛教浓厚的兴趣，在其后来的著作中署名"严阿祇梨浮调"，"阿祇梨"是依据梵音音译过来的，其意为教授弟子的"导师"。

严佛调本是东汉末年下邳人（今江苏宿迁），后定居洛阳。东汉桓帝时，洛阳成为汉地翻译佛经的中心，中国历史上第一座寺院——白马寺便建造于此。辗转到了洛阳的严佛调在鸿濡寺结实了安息僧安世高，安息僧欣赏严佛调的博学以及对佛教文化的浓厚兴趣，遂收其为徒。严佛调跟随安息僧潜心研究佛学并参与了译经。石赵王度奏疏曰："佛，外国之神，非诸华所应祠奉。汉代初传其道，惟听西域人得立寺都邑，以奉其神，汉人皆不出家。"严佛调却是汉人出家的首例。

佛教传入中国后，在东汉末年以前其发展都是极为缓慢的。东汉末年以前，除大月氏王使臣伊存口授《浮屠经》、楚王英奉佛、明帝感梦遣使求法的记载外，再无其他与佛教相关的活动。到了东汉末年，中国的佛事活动主要是翻译佛经，洛阳为当时的译经中心城市，翻译者大多是古印度或西域的僧人学者。当时的翻译基本上是传什么译什么，且以外来僧为主。其中最具影响力的当属安世高和支娄迦谶。安世高所译经文为小乘禅数，所以严佛调在师从安世高之后学的、译的也多为小乘佛教当中的经典。长期参禅译经，他对梵音自是相当精通。在安世高译经的过程中，协助其译经的除了严佛调以外还有安玄。安玄也是汉代译经家，安息国人东汉灵帝末年到了洛阳，诵读群经，以弘扬佛法为己任。安玄与严佛调二人极其投缘，见面一拍即合，合译出来的佛经均采用"都尉口陈，严调笔受"的方法（安玄因功拜骑都尉，故世称"都尉玄"）。当安玄用梵文念出来，严佛调用汉文将其记录下来后，再由二人共同商榷如何修辞润色。

此种译经方式，在中国佛教译经史上算前所未有的创举。他们共同译著的《法镜经》是一部大乘佛经，其内容主要是劝告人们信仰大乘佛教，其中还提到了大乘佛教出家的一些清规戒律。《法镜经》在中国佛教史上得到了很高的评价，这也使严佛调成为中国翻译佛典的第一人。

严佛调在多年佛学研究修习和助译工作中，对佛教经典的理解日益提高，感悟力增强，在其所著的《沙弥十慧章句》一卷中，把个人对佛学的理解和参悟通过文字的形式表述出来，开创汉僧传述佛经的先河。同时，严佛调在其中所写的"章句"也开创了中国佛教徒撰著佛经的先例，对后世的高僧著述经典产生了极大的影响。

192年孟春，严佛调虽已过古稀之年，但因怀着对佛教发源地的崇敬与仰慕之情，不辞劳苦，离开家乡临淮，来到天竺、大月氏等国，进行佛教文化的交流。其宣扬的佛理、佛法受到当地信众的推崇和爱戴。

铁山寺藏宝

182年，严佛调回到家乡临淮，主持并修建了几座寺庙以广传佛法。不少人慕名前去拜访、求道，这其中还包括当时在社会上非常有威望的人物，张角

丁云鹏《白马驮经图》

东汉　彩绘陶舞俑　18.4 厘米 × 15.2 厘米 × 9.5 厘米

东汉绿釉陶狗　26.7 厘米 × 11.4 厘米 × 24.1 厘米　　东汉玉猪　2.9 厘米 × 11.4 厘米

东汉青铜牌匾　9.4 厘米 × 10.3 厘米

便是其中之一。

张角是东汉太平道的创始人，也是黄巾起义的领袖。建宁年间（168年正月～172年五月），冀州一带灾情严重，张角带着两个弟弟在此处进行传教活动。灵帝熹平年间（172年五月～178年三月），张角创立太平道。太平道是我国道教早期教派之一，太平道的所有主旨与形式皆依据《太平经》，以推翻腐朽没落的东汉王朝、建立太平社会为己任。"苍天已死，黄天在立，岁在甲子，天下大吉"为太平道四处宣扬的口号，他们更以"中黄太一"为其奉祀之至尊天神。张角根据《太平经》中"众星亿亿，不若一日之明也；柱天群行之言，不若国一贤良也"，自誉为大贤良师。太平道的首领除了张角为其总首领外，其两个弟弟，张梁与张宝自誉大医，亦为首领之一。

张角最初以大贤良师的身份出现在农民大众面前，后通过为人符咒治病的方式在社会上广收徒众，扩大势力，增强力量。经过十多年的发展，太平道遍布青、徐、幽、荆、扬、兖、冀、豫八个州，信徒达几十万。

太平道以黄天为至上神，信奉黄帝和老子，认为黄帝时的天下是太平世界，在这个世界里没有饥寒病痛，没有诈骗盗窃，更没有剥削压迫，人人都是自由且幸福的。

张角所宣扬的太平道，所信奉的教义与严佛调所推崇的佛教教义，虽然不同宗，但张角因十分敬佩严佛调的才学和人品，常不辞辛苦从冀州赶往严佛调所在的道场——铁山寺拜访、求教。二人在论道的过程中更是相谈甚欢。

东汉末年，社会危机日益严重，广大穷苦农民与豪强地主还有封建国家之间的矛盾空前激化。张角所带领的起义军攻打郡县，火烧官府，释放囚犯，开仓放粮，更是收罗了大量的金银财宝，数量惊人。为保管好这些财物，几经考量，张角最后决定将它们隐藏在严佛调所筑道场——铁山寺里面。而负责这项工程的是张角手下的一名张姓副将，张副将带领多名士兵还有工匠连夜押送几十马车的财物，赶往铁山寺。他们在那里修建了一个藏宝的暗道，将所有金银财宝全部埋在地下。因为铁山寺境内高山密林，极易迷失，张副将又命建造藏宝暗道的工匠特意绘制了一张"藏宝图"。

张副将带领士兵在寺内所进行的这一系列活动，严佛调早有耳闻。不多久，他收到一封张副将交予他的张角的亲笔书信，还有一份藏宝图。本来已出家的严佛调是不想过问世事的，但念完信，严佛调才明白这其中的原委。信中，张角道尽这些金银财宝的来源，并希望严佛调将其妥善保管，他日若能推翻腐朽的统治政权，建立太平世界，定将其拿来扩充国库；若他日不幸阵亡，战死沙场，也望将这些价值连城的宝物取出救济天下百姓，取之于民当用之于民。就这样，这些宝物藏于铁山寺，由严佛调进行保管。

寻宝未果终成谜

黄巾军起义之初，主力分散在巨鹿、颍川、南阳等地，各自为战，攻城夺邑，焚烧官府，取得一定范围内的胜利。与此同时，各地农民武装不断崛起。但由于黄巾军各自为战，缺乏战斗经验，且以农民军为主，东汉王朝调集大量军队，集中兵力各个击破。颍川、陈国、汝国、东郡和南阳的黄巾军相继失败。

不久，黄巾军的绝对领袖张角因病逝世，而另外两位主力领袖张梁、张宝相继在战斗中不幸阵亡。主力虽死，黄巾军余部和各地的农民武装依然坚持抗战。抗战持续 20 年之久，给已经腐朽没落的东汉王朝带来沉重的打击，东汉王朝名存实亡。

话说当年负责藏宝的张副将见黄巾军大势已去，不仅不愿征战沙场，更是打起了宝藏的主意。那些随同他一起上山挖密室藏宝的工匠还有士兵均被张副将所杀。灭口之后的副将只身一人偷偷潜往铁山寺找到住持严佛调，谎称是受张角之命前来拿藏宝图。

严佛调在当年便与张副将有过一面之缘，听他这么一说，也没多想，立刻拿出妥善保管多年的藏宝图交予他。拿到藏宝图的张副将掩饰不住内心的狂喜，与严佛调告别后拔腿朝山林中奔去。本欲按照藏宝图上面的指示找到当年藏宝的密室，岂料刚还晴好的天空突然乌云遮天，狂风大作，雷鸣阵阵，电闪光刺，倾盆大雨。姓张的见状遂躲至一棵大银杏树下，怎想刚到树下一个惊天大雷打了过来。或许是天意吧，这暴雷还引发了一场罕见的森林火灾，大火烧了几天几夜，烟雾萦绕在整个山林上空不见消散。藏宝图大概也在这场大火当中化为灰烬。

铁山寺自建成之日起，见证了朝代兴衰，人世沧桑，到了明万历年间，其规模达至鼎盛。藏宝图虽已不在，但来此寻宝之人却未曾断过。到了民国初年，以铁山寺为主的十几座寺庙被山匪所占，国民政府因此调集了一个师的兵力进行剿匪镇压，寺庙最终被战火所毁，只留下一些残垣断壁。关于铁山寺的宝藏，即便是在 2001 年到 2005 年政府大规模的修复工程中也未发现其踪影。当年藏宝的密室到底修在何处？密室的宝藏是否还在？看来一切又将成为千古之谜。

东汉漆碗　9.5 厘米 × 13 厘米　8.6 厘米 × 13 厘米

法门寺：惊现独一无二的佛指舍利

　　佛塔是用来供奉和安置舍利、经文和法物的，位于西安西面扶风县内的法门寺中的寺塔就是这样的一座佛教舍利塔。

　　法门寺始建于东汉末年，唐朝时佛教高度繁荣，法门寺在这一时期成为皇家寺院，迎送佛指舍利的活动也达到了高潮。明清时期，法门寺开始走向衰落。1981年的一场暴风雨更是将饱经沧桑的法门寺佛塔摧垮，随着考古人员的重修工程的展开，埋藏于佛塔内的地宫重见天日，而关于史籍中记载的地宫内埋有释迦牟尼真身指骨舍利和供佛的无数珍宝，是否将随着考古挖掘的深入而得到证实呢？

法门寺的佛骨舍利

　　在西安西面110千米的扶风县内，耸立着一座佛教舍利塔——法门寺寺塔。该塔建于东汉末年恒灵年间，素有"关中塔庙始祖"之称。在佛教当中，佛塔是保藏舍利的标志，法门寺因舍利而建塔，因塔而建寺，法门寺寺塔就是一座佛教舍利塔。

　　佛教诞生于古印度，其创始人为古印度的王子——释迦牟尼，在他死后的250多年，阿育王统一了陷入部落纷争的古印度，晚年皈依佛教。传说阿育王为了传播佛教，将佛祖遗留下来的舍利收集起来分成84000份，又派诸鬼神于南阎浮提送到世界各地，并建塔供奉舍利。其中中国有19处，而法门寺是第五处。

　　唐代流传着这样一种说法：法门寺30年开启一次，把佛骨请出来让世人瞻仰，就会国泰民安，风调雨顺。其实早在唐以前，北魏皇室后裔拓跋育就曾

首次开塔瞻礼舍利，隋文帝时，仁寿二年右内史李敏第二次开塔瞻礼。法门寺原名阿育王寺，唐高祖李渊武德七年（624 年）下诏改为"法门寺"。

迎送佛指的活动在唐朝达到了高潮，法门寺更是成为当时全国规模最大、规格最高的佛教寺院之一。而这一切源于唐代第二位皇帝唐太宗李世民。因长年征战，久劳成疾，唐太宗于贞观十年接见了玄奘法师并虔诚求法："欲树功德，何最饶益？"法师回曰："要为众生解惑，必须给他们讲解佛法，而弘法必须靠僧尼，所以最大的功德莫过于度僧。"太宗听毕，下诏京城和天下诸州寺各度僧 5 人，弘福寺度 30 人。当时全国共有 3716 所寺庙，总共度僧尼 18500 余人。并在 632 年开启法门寺地宫，让世人礼拜，祈求国泰民安。

史载"三十年一开，则岁丰人和"，唐代 200 多年的历史，从高宗、武后、中宗再到后来的懿宗和僖宗，都笃信佛教。法门寺在这一时期更是成为皇家寺院以及举世瞻仰的佛教圣地，其佛塔也被誉为"护国真身宝塔"。

不过，唐代的第十五位皇帝唐武宗不喜欢佛教，上台后不仅颁布法令抑制佛教，在 841 年到 845 年间进行的灭佛运动中，法门寺首当其冲。然而，武宗的灭佛运动在皇权的转移中迅速停止，不过此时的唐王朝已不复昔日的风采，由盛世转向衰落。

873 年，唐代第十七位皇帝唐懿宗为祈求佛祖保佑，从法门寺地宫请出佛骨迎到长安的皇宫中进行供奉。而这一次也成为最后一次迎送佛骨的活动。礼佛仪式还没有结束，唐懿宗就突然逝世，即位的皇帝唐僖宗年仅 12 岁。登基后的僖宗做的第一件事就是归送佛骨回到法门寺。874 年，伴随着诵经声，佛指舍利连同数千件稀世珍宝一同被封入了地宫，并用唐密曼荼罗结坛供养。唐代持续了 242 年的迎送佛骨的活动，就在那把巨大的铁锁锁上的那一刻，连同供奉的稀世珍宝和佛指舍利本身，被永远地尘封在了地宫深处。

到了宋代，法门寺保留了其在唐代时皇家寺院的恢宏气势，当时仅"浴室院"（二十四院之一）就可日浴千人。宋徽宗更是亲笔提书"皇帝佛国"四字于山门上。金人也刻"诗碑"对法门寺佛塔赞赏有加："三级风檐压鲁地，九盘轮相壮秦川。"

明清时期，法门寺逐渐走向衰落。明隆庆三年（1569 年），四级木塔崩塌；明神宗万历七年（1579 年），杨禹臣、党万良等地方绅士捐资修塔；清顺治十一年（1654年），佛塔因地震倾斜开裂；民国二十八年（1939年），爱国人士朱子桥先生主持，对佛塔进行了维修，此次维修工程也是明末以来最大规模的维修。

1981年秋季的一场暴风雨，彻底破毁了法门寺的佛塔，塔内文物纷纷跌落地面。而这却给了考古学家一次揭开法门寺佛塔神秘面纱的机会。

层层打开地宫门

1981年8月24日，因年久失修，曾经威武的法门寺佛塔终于不堪重负，在一场暴风雨中遭到严重破坏，中部出现裂缝，东北部基本上已经坍塌，只剩倾斜的西南角依然仁立在那里。

当时负责残塔修复工作的部门对此极为重视，并列出了两个可选方案。A方案是把塔拆除后重新修建，B方案则是保护半边塔。B方案经过论证，发现执行起来困难重重，如何把土坯保护起来从技术层面上来讲就相当有难度，况且造价不菲。所以，最后专家们一致选择重建佛塔。

1987年4月3日，现场工作人员无意在浮土下面发现了一块白玉石板，石板上面还刻有一尊雄狮浮雕。谁也不会料到，因为重修，一个埋藏了1000多年的绝世秘密就要重见天日。考古队员立刻赶到白玉石旁，推开放在旁边的碎石板，一个狭小幽深的洞口出现在大家眼前。莫非传说中的佛骨舍利就埋藏于此？

在挖掘出19级青石台阶后，一道石门显露出来，考古队员更是在前面大殿后发现一个漫步踏道，如果没有猜错，这应该是通往地宫的出入口。紧接着，考古人员巧妙地将石门上面的铁锁打开，这把锁因年代久远，早已锈蚀。

4月9日，地宫第一道门被打开。随之而来的是扑鼻的霉味以及石门后面铺着厚厚一层钱币的长长的甬道。这些铺在地上的钱币加起来一共有两万枚，其中13枚是由玳瑁制成的纪念币。这也是中国钱币考古的首次发现。往里走有一段幽暗的隧道，隧道四周是由黑色大理石拼贴而成的墙壁和地板，上面还有特殊斑驳。隧道的尽头，两块黑色大理石材质的石碑映入所有人的眼帘。在手电光的照射下，工作人员发现一块碑文上记载了从阿育王分送舍利贡于法门

唐代　鎏金捧真身银菩萨　1987 年陕西扶风法门寺塔基地宫出土

法门寺地宫木门雕刻

唐朝　罗汉的头　石灰石　53.3 厘米 × 37.8 厘米

唐代　鎏金银香囊　1987 年陕西扶风法门寺地宫出土

玄奘三藏像　绢本着色　东京国立博物馆藏

寺，到后来中国历朝历代特别是唐朝皇帝供奉佛指舍利的盛况；另外一块碑文上则记录了为供奉佛指舍利所捐赠物品的名称、数量以及捐赠者的名字。从碑文上所记录的文字来看，传说中神秘的佛指舍利以及供奉它的奇珍异宝是确切存在的。

当考古人员移开两块石碑后，又一道石门出现在众人眼前，石门上面还分别雕刻了一尊精美的菩萨像。打开石门，地上叠放着一堆又一堆依然精美光鲜的丝织品。令所有人没有想到的是，在阿育王塔的后面还有另外一道石门，这道门的门扇上雕刻着天王力士彩绘浮雕，考古人员猜测，这后面必然还有密室。当他们揭开上面已经破碎的大理石盖板，从顶部直接进入之后，数百件金银器还有各种珠宝呈现在他们面前。

在第三道石门后面则是地宫的中室。中室被一顶汉白玉灵帐所占满，灵帐体积硕大，顶端罩有三件袈裟，袈裟由纯金罗纹线和丝线交织而成。灵帐旁边还放了一双金丝绣花鞋。考古人员还在灵帐的后面发现一只檀木箱，因年代久远，檀木已腐朽，箱内装满了瓷器。经陕西省考古研究所研究员禚振西介绍，这些瓷器均为秘色瓷。秘色瓷是青瓷当中的顶级作品，烧制工艺复杂，在当时比金银还要珍贵，通常只用作皇室贡品。如今，烧制秘色瓷的工艺已经失传。

此外，考古人员还在法门寺地宫中室意外发现20件玻璃制品。在那个时候，只有伊斯兰国家才有如此精湛的玻璃烧制技术，并且玻璃器物上所饰有的纹饰带有很强的伊斯兰风格。所以，据考古专家推断，这些在当时精贵的玻璃制品极有可能是从异域传来的。此次发现的玻璃盘更被认为是世界上迄今为止发现最早的伊斯兰釉彩玻璃。

佛指舍利终于现身

地宫的挖掘工作很快接近尾声，最后只剩下前室的阿育王塔、中室的汉白玉灵帐以及后室的一个用丝绸包裹着的大包裹还未打开。

置于后室的大包裹的结已经炭化，考古工作人员花了足足两个小时的时间才把它解开。解开后一个耀眼夺目的宝函露了出来，宝函层层相套，一共套了8层，最外面的是檀香木的，早已腐朽，接下来依次是金、银、玉、珍珠等。

而在宝函的最里面放着一座金光闪闪的纯金四门小塔。

起初，工作人员误以为这个铁函就是佛指舍利，但经过仔细鉴定发现这枚与真身志文塔上面所描述的佛指舍利有所出入。这枚舍利是玉质的。就在人们失望之时，一名年轻的考古工作人员却在已经清理空的地宫后室的一个角落发现有片松动的浮土。待把浮土挖开，一个密龛露了出来，密龛中间放有一个包裹，里面是一个铁函。考古专家利用 X 光机对其进行扫描后发现，铁函内确实存有异物。5 月 10 日凌晨，陕西省考古研究所研究员韩伟打开铁函，里面仍然是一层套一层的结构。首先进入人们视野的是一大一小两颗水晶珠子，下面是一个镏金函，用丝绸包裹着。镏金函的里面是檀香木函，接下来是水晶椁子。在水晶椁子的最里面放着一个洁白无瑕的小玉棺，而传说中的佛指则静静地躺在玉棺内。经过考证，这枚佛指与志文碑上所记载的完全吻合：中间有纹，纹并不彻。法门寺监院智严法师介绍说，根据史料记载，指骨舍利不同于其他舍利，世界上只有唯一的一枚，而其他舍利还会有同类的若干舍利。

在这之后，考古工作人员分别从汉白玉灵帐和阿育王塔中又发现了两枚玉质的佛骨，如此一来，地宫内目前总共发现了一骨三玉四枚佛指舍利。而这又是为何呢？

原来当年唐武宗因讨厌佛教，上台后不仅抑制佛教的发展，还下令将佛骨调到他面前当殿碾碎。法门寺的和尚冒着生命危险把佛指保留了下来，而当殿碾碎的那个佛指只是一个复制品。

法门寺地宫所藏的四枚舍利，一枚是真身佛指，是灵骨，另外三枚玉质佛指是影骨。影骨既是灵骨的复制品，又对灵骨起到了很好的保护作用。

几经周折，佛教界至高无上、独一无二的佛祖真身指骨舍利终于现身。然而玄妙的佛的世界，似乎还有更多的谜团等待后人的破解。

乐山大佛：佛像胸前惊现"藏脏洞"

佛教在两汉时期传入我国，经过魏晋南北朝的发展，至隋唐达到鼎盛。唐代时，乐山名为嘉州，这时候的佛寺四处可见。佛教在乐山一带的流行可从两件意义重大的事件得知，一件是峨眉山最终由道教圣地变成佛教圣山，被称为普贤菩萨的道场；另一件就是乐山大佛的修建。

乐山大佛位于岷江、青衣江、大渡河三江汇流处，地处四川省乐山市，并与乐山城隔江相望。大佛建于唐代，高71米，是我国现存最大的一尊摩崖石刻像。这座与凌云山浑然一体的弥勒大佛，在长达1200多年的时间里，面向峨眉山，注视着滔滔江水，浩浩岷江。难怪有人发出如此感叹：山是一尊佛，佛是一座山。带领群山来，挺立大江边。

海通剜目凿佛

乐山佛由唐代开始修凿，是世界上最大的佛雕。作为中国古代佛教文化的珍贵遗产，是古印度佛教文化与中国文化碰撞与融合的产物。

关于乐山大佛修造的史料，目前仅存当时剑南西川节度使韦皋撰写的一篇碑文——《嘉州凌云寺大弥勒石像记》。从碑文内容来看，大佛工程耗资巨大，修造工程中间停了两次。提到主持修造大佛之人，最有名的是海通和尚。

出生于大唐开元初年的海通和尚，原籍贵州，本名清莲，寓意"荷花出淤泥而不染"。海通12岁出家，拜高僧慧净为师，24岁离开师父游历四方。

这年夏天，海通独身一人来到四川嘉州（也就是现在的乐山），发现凌云山上灵气甚好，山下即是大渡河、岷江、青衣江三江汇流处，便欲在此地修行

高僧取经图

乐山大佛

参禅打坐。此地虽具灵气，但在此过往的船只却常常不幸遇难。海通和尚独居山上修行，眼见此情此景，难免悲从中来。

一天，他亲自来到山下察看险情，当他攀过岩壁来到凌云山脚下的时候，一个急浪打了过来，一名壮年男子被打到了岩石上。只见他左手拿砖，右手拿锤，一动不动，已经昏死了过去。海通和尚立刻上前将男子背到岸边。过了许久，男子才渐渐苏醒了过来。原来这男子是名石匠，也是不忍见众多船工兄弟在此航行时丧了命，便下定决心在石壁上凿篙眼。这样一来，就能避免船只在行驶的过程当中碰到石壁。石匠的这种精神更加触动了海通和尚的心灵，他日思夜想，终于想出了一个更好的解决办法：在临江岩壁上凿一座最大的弥勒佛像。如此一来，便可保佑苍生太平。

方法想出来后，海通和石匠分头行动。海通和尚到了江淮一带募化资金，石匠则留在嘉州会同远近的能工巧匠打造建佛工具。他们于开元六年正式动工。开工那天，千锤凿石，响声震天，场面极其宏大。被凿下来的岩石纷纷掉入江中，激起千层巨浪。

春去秋冬，寒来暑往，大佛就在大伙齐心协力的建造下，轮廓日渐明晰。三江汇流处开始有了太平。

嘉州当地有一郡守，听说在海通和尚手里还有一大笔当时募化而来的钱财，于是带着一大帮随从前来敲诈。面对强权，海通毫不惧色，义正词严地说："自目可剜，佛财难得！"被激怒的郡守恶言相对并说："那你倒是挖给我看看啊。今天不挖，我把你们这一批刁民全部抓走！"令他没有想到的是，海通和尚当真剜出自己的一只眼珠，捧在掌中，放到郡守面前。郡守见状吓得落荒而逃。

乐山大佛——"天下太平"

乐山大佛是一尊弥勒佛，佛经上说过，弥勒象征着光明与幸福，弥勒出世将会"天下太平"。这与当初海通和尚选择弥勒佛镇守三江激流的要求是相契合的。《弥勒下生经》里面描述，弥勒佛像具有"三十二相，八十种好"，乐山大佛是具增添中国特色的古弥勒佛，整体形象超凡脱俗，双脚自然下垂，平

佛陀在鹿野苑第一次讲道

唐代　佛　大理石　55.2厘米×19.1厘米

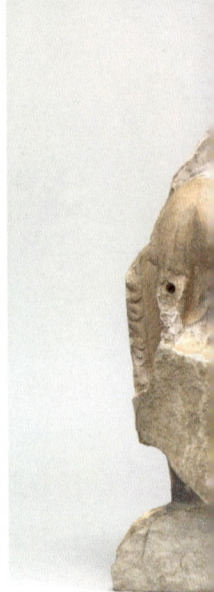

稳且安定的坐姿让来往行船之人有战胜激流险滩的勇气和决心。

后世之人，凡提到乐山大佛，无不想起海通和尚。但事实上，海通和尚并没有完成建佛大业。他从前期筹集善款到开始修造再到后期主持，前后加起来差不多有 18 年，其中募集与策划就占了 10 年。当他因积劳成疾圆寂后修造大佛的工程也停了下来，剩下的大部分工程则是后来由当地官员组织完成的。

海通主持正式修凿大佛用了 8 年，完成了大佛头至胸的部位，而大佛胸到膝的部位则是由剑南西川节度使章仇兼琼主持修建的，花了 7 年。在章仇兼琼之后的节度使韦皋主持完成了"莲花座上及膝"这部分工程。在这之后的"丹彩以章""金宝以严"的大佛上色工程、"像设以俱"的九曲栈道工程、"万翁灯焰"的佛窟内其余小佛以及韦驮护法神的工程，还有大像阁的工程，前后加起来共耗时将近 15 年之久。

另外，海通当时募集资的金数额十分有限，主要是以民间集资为主。章仇兼琼"持俸钱二十万以济经费"、韦皋"以俸钱五十万佐其经费"，都先后拿出个人薪金以支持大佛的修造工程。但是由于此工程十分浩大，在财政上起到最关键作用的还是地方财政的税收资金，而这也是得到皇帝的特许恩准的。朝

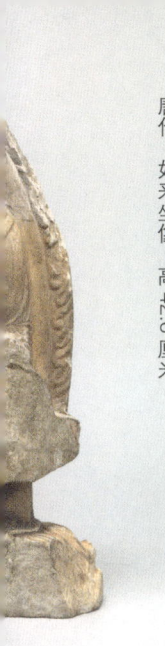

唐代　如来坐像　高 42.6 厘米

唐彩绘漆金夹纻阿弥陀佛像　96.5 厘米 ×68.6 厘米 ×57.1 厘米

唐彩绘石雕阿难陀像（石灰岩）高 175.3 厘米

廷不仅以直接拨款的形式以示支持，更是将凌云山栖鸾峰这块风水宝地以免征地费的形式无偿划拨给海通和尚修造大佛。

以此来看，乐山大佛建造工程由最初的民间发起，后逐步转变为官府工程。官府花巨资修造的这一工程可谓唐王朝的形象工程。

据相关学者研究，乐山大佛的形象是严格按照佛教《造象度量经》有关尺寸进行施工的，"三十二相、八十种好"，大佛头顶有 1021 个螺旋发结，手指纤长，长 8.3 米。乐山大佛的头部、神态和衣饰有着明显的汉族化、世俗化的倾向：身材魁梧，体态肥美，双手抚膝，慈眉善目，仪表端庄。

大佛开凿于唐代开元初年，当朝皇帝唐玄宗是有名的道教君主，曾下令抑制佛教，禁止修造佛教寺庙，勒令僧尼还俗，既然如此，为何唐玄宗还支持如此浩大的佛教工程呢？

相传，还在李隆基 20 岁的时候，他因机缘巧合得到了一枚珍贵的佛祖真身舍利，并在梦中看见一巨佛坐在三江河畔遥望峨眉山。后来，经他人解梦得知此乃大吉之兆，预示着李隆基将开创盛世。713 年，李隆基掌握实权，登基为帝，改年号为开元。有说是登基后的李隆基为了还愿，因此修造了大佛。但最可能还原事实的说法是，唐玄宗李隆基为给供奉于凌云寺的佛宝舍利找一个安全的处所，因此下令开凿大佛。在开凿大佛的同时，命羽林军亲自监督设计并主持修造了地宫。大佛修造前后共 90 余年，经历了唐代的四位皇帝。只是，大佛建造过程中所修的地宫门到底在什么地方，至今仍无法得知。

大佛胸前现"宝藏"

由乐山市政府组织的修补大佛的工作于 1962 年展开，这也是新中国成立后第一次颇具规模的修补工作。令所有人没有想到的是，在修补前胸时，工人在佛肚前发现一个封闭的藏脏洞，因其位于大佛胸前的心脏处而得名。藏脏洞的发现让人们纷纷猜测，这是否印证了"藏宝洞"的传说。藏脏洞是一个高 3.3 米、宽 1 米、深 2 米的长方形暗室，应为人工开凿而成。但令人大失所望的是，被打开的藏宝阁呈现在大家面前的是：废铁、铅皮还有封口石。这里面唯一有价值的就是封口石了，此封口石为"天宁阁记事残碑"，是宋代的记事残碑，为重建天宁阁的遗物。大佛竣工之后，剑南西川节度使曾修有一座 13 层的楠木大橡阁，后被大火所烧，宋代重建的就是"天宁阁"，后来还是被毁坏了。问题是，宋代时修建的天宁阁的记事残碑为何成了大佛藏脏洞的封口石呢？

古时候修建佛像多有在佛像上修建密室的例子，按照佛教造像仪规，在佛像上设"藏脏洞"，洞内装有"五谷"及"五金"，五谷象征菩萨保佑五谷丰登，五金代表菩萨保佑"招财进宝"。不同的是这些藏宝洞大都开在佛像的背部，但乐山大佛却开凿在佛像的心脏部位。

据现场的两位目击者回忆推测，一人认为藏脏洞里废铁与铅皮应是盗墓者留下的，时间应该不会太久，大约在清末民初。另一人认为暗室内的废铁应为"鎏金铜壶"，而铅皮的原型应该是"铅皮经卷"。如果推测成立，那么这些废铁和铅皮也应是宋代遗物。

但一切都只是推测，这当中最重要也是唯一的线索便是那块记事残碑，但令人深感遗憾的是在"文革"时，暂放于海师洞（海通和尚居所）保管的天宁阁记事残碑却不幸遗失。

关于残碑上所记录的文字，暗室之前到底是用来装何物的，暗室又是何时所修，这一连串的问题或许还要等待时机成熟的时候才能揭晓答案。

2006年6月，中国科学院与当地文管所的大量专家学者齐聚乐山大佛，应用先进的雷达探测器，耗时大约一周时间，对巨型佛像进行细微的"B超体检"。

此次"体检"的目的是基于对大佛身体内部构造的担忧。大佛距今已有1200多年的历史，千百年来，历经自然灾害，同时还受到战争的侵袭。此项名为"地质雷达无损检测"项目，有来自中国科学院成都山地灾害与环境研究所的4名专家学者，还有大佛景区文管所的5名专家，另外还有招聘来的8名工作人员。运用的地质雷达电磁波将深入大佛内部2～70米处。检测之前，有专家称："我们将会发现乐山大佛内部是否存在佛教法器，如果存在，则其存留时间极有可能是1200多年前铸造大佛时雕凿进去的。"随着探测工作的正式展开，大佛的脚背、双腿之间、双手、大腿以及胸部一一被检测完后，专家只做了一个简短的公布："目前内部结构基本稳定，未发现异常情况。"而人们所关心的宝藏问题却只字未提。看来，关于大佛藏宝一事又将成为一个千古谜团了。

雷峰塔地宫：鎏金塔再现世间

在杭州西湖的夕照山上，耸立着千古闻名的雷峰塔。雷峰塔又叫皇妃塔，或西关砖塔，是吴越国王钱俶为谢佛恩所建。建成后的雷峰宝塔历经战火摧残折磨，于南宋年间开始重建。重建后的雷峰塔与落日相映生辉，又被誉为"雷峰夕照"。清末民初，因盛传塔砖具有辟邪作用，前来偷挖塔砖的人络绎不绝。雷峰塔终因不堪重负于1924年轰然倒下。

2000年，在一片期盼声中雷峰塔的重建工程正式展开，并伴随着严密的考古挖掘工作。地宫之门被发现，并小心开启之后，巨大的铁函呈现在众人面前。铁函内是否藏有吴越国的珍宝呢？这些珍宝是否如文献所记载的藏有佛螺髻发舍利呢？

雷峰塔的生命轨迹

雷峰塔建于北宋太平兴国二年（977年），是吴越国国王钱俶为祈求国泰民安而造的。吴越国是五代十国当中的一个小国家，统治疆域主要是以中国浙江省为主的东南沿海一带。吴越国开国君主钱镠早年落魄时受到浙江临安东天目山昭明禅寺法济洪湮的帮助，所以他对佛教怀有一颗感恩之心。建立吴越国后，他在国内大兴佛教，这种习佛的风气从钱镠一直传到了最后一个国王钱俶。

钱俶修造佛塔时，召集了朝中大臣共同商议，最后选择了西湖山水的最佳地段——夕照山。夕照山南麓曾是吴越国建杭州城池的西关，所以，雷峰塔也被叫作"西关砖塔"。关于建塔的原因，根据吴越国王钱俶在雷峰塔《严华经》刻石后面亲笔所提的跋可得知，当年钱俶为王妃顺利生产皇子，故又名"皇妃塔"或"王妃塔"。

在建造雷峰塔时，钱俶原先计划打造一个"千尺十三层"的古塔，迫于财力方面的压力，在实际施工的时候少建了六层。不过，建成后的雷峰塔金碧辉煌，尽显婀娜多姿的风貌。其塔身和塔心全部由砖石砌成，塔基平面为一个等边八角形。塔身的外围还设有木质结构的檐廊，属于典型的八面七层砖木结构的楼阁式塔。沿着塔身内和外围之间还有螺旋状登塔楼梯，沿着楼梯可以到达塔顶。从塔内凭窗远眺，西湖山水尽收眼底。

令人惋惜的是，建好后的佛塔却在接下来的年岁里屡遭战争的创伤。

北宋宣和年间（1119 年二月～1125 年十二月），浙江一带爆发农民起义，由方腊率领的起义军从杭州西南的青溪（今浙皖交界的淳安县）起兵，一路斩荆披棘，迅速攻占"三吴都会"杭州城。北宋政权赶紧调集十万大军前来围剿，在战火纷飞的双方对抗中，雷峰塔惨遭重创。而到了南宋初年，金兵以钱塘江为前线，与南下的宋兵在此展开了拉锯战。本已残破不堪的雷峰塔再次遭到战火袭击。

南宋庆元年间（1195 年一月～1200 年十二月），基于对雷峰塔的保护，为了让饱受战争蹂躏的古塔得以重现昔日光彩，官府决定对全塔展开重修工程。此次重修，塔身由原来的七层减至五层，但依然耸立西湖南岸。黄昏时分，雷峰塔与落日相映生辉，被命名为"雷峰夕照"。重修后的雷峰塔深得喜好游山玩水的南宋统治者的青睐，一时之间，更是成为宫廷画师争相描绘的主要题材。

明代倭寇患乱，嘉靖三十四年（1555 年），倭寇一路杀戮到杭州城外，雷峰塔再次遭到战火的袭击。当时的倭酋看见雷峰塔，便怀疑塔内藏有明军的伏兵，于是下令放火烧塔。此次纵火，致使雷峰塔外围的木构檐廊被烧毁，最后仅存砖砌的塔身（心）。没多久，塔顶也遭毁，杂草丛生，雀鸟安巢。明末杭州名士闻启祥将其与湖对岸的保俶塔合在一起评论为："湖上两浮屠，雷峰如老衲，保俶如美人。"年岁已 600 多年的古塔虽显得老态龙钟，却依然坚强挺立。从明末到清代前期，雷峰塔更是以其展现的残缺美成为西湖十景中让人津津乐道的名胜古迹之一。

清末民初时局动荡，百姓生活苦不堪言。当时市井乡间竟流传着雷峰塔塔砖能"辟邪""宜男""利蚕"等，对现实与未来充满彷徨与无助的人们纷纷想方设法地前来盗取雷峰塔的塔砖，并视为珍宝。本就残破的雷峰塔经众人挖取后，更是难堪重负，于 1924 年 9 月 25 日，轰然倒塌。而在部分塔砖中秘藏的《一切如来心秘密全身舍利宝箧印陀罗尼经》经卷重见天日，但"雷峰夕照"的美景却不复存在。雷峰塔一倒，社会各界人士纷纷期盼能再次重建这座古塔。

在所有人的期盼声中，浙江省文物考古研究所于 2000 年 2 月，对雷峰塔的遗址进行了第一阶段的考古挖掘。此次挖掘除了重修雷峰塔之外，另外一个重要的目的就是发掘地宫。隋唐以后，中国建造的佛塔一般都会建造地宫，用来供奉佛祖舍利、法器以及安放善男信女的施舍品。佛塔地宫是整个佛塔建筑的重要组成部分。而这次挖掘共出土 500 多块，差不多 3 万字的石刻佛经，此外还有大量金、银、铜、铁等材质的精美文物。照此看来，雷峰塔地宫内应该珍藏有当时吴越国的国宝。但是由于雷峰塔的倒塌时间久远，再加上特殊的地理环境，所以考古工作耗时较长。直到 2000 年年底才在雷峰塔遗址中发现一块大约 750 千克重的巨石。经过此次考古工作者的仔细研究确认，雷峰塔地宫的入口处应该就在这块巨石下面。

地宫的深入挖掘

2001 年 3 月 10 日，考古工作人员对雷峰塔地宫发掘现场四周进行了严密封锁，除工作人员外其他人不得擅自闯入。地宫位于雷峰塔遗址的塔心室正中，呈八角形、中心距离达 40 米的雷峰塔塔基和塔身第一层残部从一万多立方米的淤土中被清理了出来，并加盖了防雨大棚以作保护。

地宫所在的塔心室正中还发掘了一个大坑，坑底有一块已很残破的面积约为 0.9 米 ×0.9 米的盖板，距离雷峰塔首层平面 2.6 米。盖板上面还压着一块巨石，此巨石重约 750 千克。雷峰塔地宫的千年秘密就被它们层层压着，而移开这块巨石成为考古挖掘进展中的当务之急。

3 月 11 日上午 9 时，地宫开启工作正式展开。考古队员拿来铁链和辘轳用以提拉巨石。此辘轳可以承受 3 吨重的分量，看似简单的考古工作，在实施过程中所有人都不敢掉以轻心，集中所有精力应对即将有可能出土的珍贵文物，如青铜器、纸类、丝绸类等。

当那块压在地宫洞口的沉重的巨石被挖掘人员小心翼翼地移开之后，一层

五代时代　菩萨坐像

唐朝金器

黄金容器　杭州雷峰塔出土

八佛图

阿育王圣骨箱 杭州雷峰塔出土

鎏金铜释迦牟尼佛叙述像 雷峰塔遗址出土 现藏浙江省博物馆孤山馆舍

南宋时期的雷峰塔模型

鎏金铜释迦牟尼佛叙述像 雷峰塔遗址出土 现藏浙江省博物馆孤山馆舍馆舍

浮土显露出来，在这些浮土中间还埋有几十枚刻有"开元通宝"字样的钱币，此为唐开元年间的钱币，经专家推断，这应该是在吴越国时流通的钱币，在建造佛塔之时洒落钱币属于皇室宗教仪式。从夯土与大石板之间黏结的紧实度来看，此次应属首次打开地宫之门，在这以前并未被盗过。

巨石移开之后，接下来的目标就是压在巨石下面的大理石盖板。盖板四周有一层砖，盖板原本镶嵌在这层砖里，考古队员细心地将每块砖卸下，并在上面贴上标签、编号，以作为复原地宫时的依据。

清理盖板的工作顺利完成之后，开启地宫之门又近了一步。整座地宫呈长、宽、高均为一米的立方体，其中最引人注目的是位于地宫中央的铁制的舍利函。舍利函长宽均为 32 厘米，高 50 厘米，上面布满锈迹。在铁函与墙壁之间卡着一尊铜佛像，四周散落大量古钱币，地宫内淤泥堆积严重，这可能与地宫曾经遭水淹有关，这给考古工作带来难度。

15 时，雷峰塔地宫出土 8 件文物，包括：两面铜镜、1 个佛像底座、4 个铜制的方形镶嵌物等。这些文物造型精致美观。

15 ~ 16 时，考古队员拆除了地宫的一面砖墙，以确保在提取铁函的过程中万无一失。至此，考古队员决定实行封闭性的挖掘以确保发掘现场的安全。一座精美的青铜佛像也随之出土，高约 60 ~ 70 厘米，一共有两个底座，座上有一条龙，龙上还有一莲花宝座，属于国家一级保护文物。

22 时后，更多的文物在接下来的考古挖掘中相继出土，合计 34 件。其中的腰带扣和腰带片经专家推断，应该是属于吴越国时期一条带有装饰物的皮质腰带上的零件。腰带扣厚 10 厘米左右，腰带片则为空心，可用物穿过套在衣物上作为一种装饰。另外还有 4 件玉器，包括 1 只手镯。

整个铁函体积庞大，占了地宫 2/3 的面积，又因为其底部被淤泥掩埋，因此取铁函的工作显得困难重重。考古人员先是小心翼翼地扒开铁函周围的土层，一面用丝织品和纸制品包裹着的铜镜映入眼帘。但外面的包裹物已经残败不堪，这与地洞内进水不无关系。不过我们依然可以从纸质品上看出上面的印刷图案和一个古人手臂上的装饰物。对出土文物保护最重要的是温度和湿度的稳定，所以文物特别是有机质文物应首先用湿毛巾包裹起来放置到专用的容器内，再送往实验室内进行保存。据推测，铁函中应有铜函，铜函内还会有金棺银椁，里面藏有用小玻璃瓶装着的舍利子。其实，光铁函本身已是相当珍贵的文物了，100多千克的铁函被考古人员小心取出，接下来则是对铁函表面进行除锈工作。至于铁函的开启工作需要在对铁函进行下一步的研究之后展开，强行打开极有可能会破坏铁函和铁函内藏有的珍宝。

待考古人员小心取出铁函后，发现在铁函下面竟然垫着约4厘米高的铜币，还有大量的丝织品。这样一来，整个地宫内光铜币就上千枚。

次日凌晨3时多，雷峰塔地宫考古工作终于告一段落。此次出土的文物悉数送往浙江省博物馆库房内保存。只是铁函尚未打开，所以关于地宫的神秘面纱还未全部解开。

最终未解开之谜

3月15日，这个神秘的铁函最终在雷峰塔地宫考古队所有人员的共同努力和见证下被打开。开启工作较为顺利，在对口边进行除锈等工序处理之后，铁函底板上的盖子被垂直上提平移到了旁边，里面出现一座四角银色鎏金塔，十分美丽。

鎏金塔为鎏金银质，塔身高35厘米，底座为边长12.6厘米的方形，塔的四面还刻有以佛教故事为题材的浅浮雕。塔身四角有四根山花蕉叶，塔身正中矗立饰有五重相轮。此塔完整度在我国实属罕见，体现了吴越国的最高工艺水平。从其四周的镂空部分可以看到塔内藏有佛螺髻发的金质容器。据相关文献分析，金棺内应该就是吴越王钱俶供奉的佛螺髻发。

除了鎏金塔外，铁函内还有铜镜、鎏金银盒等6件文物。

如此狭小的地宫空间内竟挖掘出如此多的珍贵文物：铜镜、铜质如意云纹饰品、青铜莲花座佛像、罗、玉器、玛瑙、琉璃、铁函等近60件珍贵文物，还有近千枚的"开元通宝"古钱币。

雷峰塔考古挖掘工作虽然结束，但是出于对文物的保护以及对宗教信仰的尊重，鎏金塔的金棺并未打开。而其中是否藏有佛螺髻发舍利也未取得进一步的证实。不过，新的雷峰塔矗立在了西湖岸边，而那座历经世事沧桑的珍贵鎏金塔也得以展列其中，对着来往游客细说往事。

大报恩寺：拥有世界奇观的皇家寺院

　　在江苏南京城南古长干里，也就是现在的中华门外的雨花路东侧秦淮河畔，坐落着南京城最古老的皇家寺庙——大报恩寺，静静地在那里见证数代王朝的兴衰变迁。

　　明清鼎盛时期，大报恩寺范围达到了"九里十三步"，与灵谷寺、天界寺曾被誉为金陵三大寺。大报恩寺由明朝永乐皇帝朱棣所建，据传是为了纪念其生母而建的。兴建时间长达9年，古建筑群规模庞大犹如宫殿般金碧辉煌。位于大殿后的大报恩寺琉璃塔是南京的象征性建筑，更被外国友人称为中世纪世界七大奇观之一。

　　然而在其华丽的外表之下，隐藏着一个个待人挖掘的秘密。

皇家寺院

　　早在20世纪30年代，著名文学家朱自清先生在游历南京之后写下了《南京》一文，其中就有这样一段评价："逛南京像逛古董铺子，到处都有些时代侵蚀的遗痕。你可以摩挲，可以凭吊，可以悠然遐想……"历史上吴、东晋、宋、齐、梁、陈均建都于此，所以南京又被称为六朝古都。从孙吴建都至今，南京又是十个朝代的都城，故称"十朝都会"。金陵大报恩寺也伴随着南京走过了悠悠岁月。

　　耳熟能详的那句"南朝四百八十寺，多少楼台烟雨中"，其中就有金陵大报恩寺。金陵大报恩寺的原址是长干寺及阿育王塔，建于吴赤乌三年（240年），到了南唐时期，此地沦为军营庐舍，直到北宋时期才再度复兴。之后，僧可政又于端拱元年（988年），在长干寺建塔，将从终南山所得唐三藏玄奘大师的顶骨舍利瘗藏于此。宋天禧元年（1017年），长干寺改名为天禧寺，寺塔也改称"圣感"。元至元二十五年（1288年），天禧寺又被诏改为"元兴慈恩旌忠教寺"。

永乐六年（1408年），寺塔在大火中被毁。永乐十年（1412年），明成祖朱棣命工部在原址上进行重建，是为大报恩寺。关于朱棣重建金陵大报恩寺一事，正史上所做的解释是为了报答其父朱元璋和马皇后两人的养育之恩。但在市井中却传朱棣当年重修大恩寺是为了纪念其亲生母亲。

当然，还有一种说法是为了纪念侄子建文帝朱允炆。当年朱棣为夺皇权，起兵造反，朱允炆下诏"毋使朕负杀叔父之名"，有了这个诏令，屡战屡败的朱棣才能得以东山再起，但朱允炆最后却被朱棣逼得葬身火海。稳坐天下江山后的朱棣深感有愧于自己的侄儿，诏令工部"依大内图武，造九级五色琉璃塔，曰第一塔，寺曰大报恩寺"。

大报恩寺的重修工程，由郑和等人担任监工官。大永乐三年（1405年）六月十五日，郑和奉明成祖之命出使西洋，揭开郑和下西洋的序幕。也因此，大报恩寺的重建工程在永乐、宣德年间工程进度极其缓慢，各种弊端日益凸现。宣德三年（1428年），明宣帝朱瞻基下旨，命当时已经出洋回国任南京守备的郑和"即将未完成，用心提督"。这样一来，工程进度迅速提升。

大报恩寺的重建工程浩大且艰巨，从时间上来讲，前后历时16年；从人力来看，动用了当时从全国范围内征集来的良匠军工10万人；从耗资方面来看，用钱粮2485484两银，就连当时郑和下西洋所剩下的百余万银两也用于建塔工程。

大报恩寺坐东朝西，全寺建筑分为南北两个部分，北半部是寺院的主体部

分，有山门、佛殿、琉璃塔等，南半部分为寺院的附属部分，僧房、禅堂、藏经殿等就位于南部。南北两个部分由围墙隔开。

所有建筑当中，最为壮丽、惊艳的当属琉璃塔。

据相关史料记载，琉璃塔九层八面，高 78.2 米，塔身白瓷贴面，拱门琉璃门券。门框以刻有狮子、白象、飞羊等具有佛教题材的五色琉璃砖进行装饰。刹顶更是镶嵌着金银珠宝。角梁下悬挂有 152 只风铃，迎风飘荡，铃声阵阵。从建成那天开始就点燃长明灯 140 盏，每天光耗油量就达 64 斤，日夜通明，可谓金碧辉煌。大报恩寺琉璃塔在明代初年至清代前期作为南京最具特色的标志性建筑物，更有"天下第一塔""中国之大古董，永乐之大窑器"的美誉。来往游客、欧洲商人以及当时的传教士对此塔赞叹不已，更是将其与罗马大剧场、亚历山大古城、比萨斜塔相媲美，称之为中世纪世界七大奇观之一。

散落的镇寺宝物

大报恩寺建成后，几经劫难。嘉靖四十五年（1566 年），雷电袭击引起寺内大火，天王殿、大殿、观音殿、画廊零零总总共 140 多间皆被焚为灰烬；万历二十八年（1600 年）塔心木腐朽，塔顶倾斜，僧人洪恩募捐千两白银对它进行重修；清顺治十八年以后，内府还有地方都有拨款对其进行修缮；而最后一次修复工作在清嘉庆七年展开的，修复竣工之后还绘制塔图并附志。

1842 年 8 月 29 日，中国近代史上第一个不平等条约《南京条约》的签订，使身在南京的大报恩寺塔惨遭洗劫。塔身的琉璃砖被入侵的英军疯狂剥取，塔内供奉的金佛也被大量盗取。侵略者象征性地给了寺庙僧人一些赔偿后，将掠

夺的珍宝全部装船运走。

　　大报恩寺塔有说是毁于 1854 年，清军攻占雨花台后，太平军怕清军攻占大报恩寺进而威胁城内，于是用火药进行轰炸，没几日，塔倒塌，寺庙被烧毁。另一说则是 1856 年，太平天国发生内讧，即历史上有名的"天京之变"，北王韦昌辉怕大报恩寺塔被石达开拿来作攻城的炮垒，于是下令将此塔摧毁。就这样，金碧辉煌的琉璃塔连同大报恩寺均被夷为平地。

　　1865 年，江宁机器制造总局在大报恩寺遗址附近建厂，寺院内的宝物被逐步瓜分，宝物渐渐流失。数百年后的今天，只剩一些当年的遗物残存于此。

　　1958 年，南京出土了大量五彩琉璃构件，后有人发现用这些琉璃构件做出来的砖头耐高温，十分符合建造大炼钢铁的"小高炉"的要求，便把它们送进了粉碎机。后来，考古人员赶到此地，经过一年的时间，他们清理出了三座残窑，开挖了三条深沟，并在三号深沟里先后两次发现了一批五彩琉璃构件。这些琉璃构件上面饰有龙纹、佛教图案等，还编号并注明层数。经过考古专家研究确认，这些五彩琉璃构件应为明永乐年间的物品。被发掘出来的部分构件后被复原成一件琉璃拱门，此拱门的位置应该在一座琉璃塔三层或四层。后来经过与史料的对照，这些构件应该就是大报恩寺塔的五彩琉璃构件。

　　南京工业大学教授汪永平也参与了琉璃拱门的复原工作，据他介绍，在明末清初张岱《陶庵梦忆》、清代张尚瑗《石里杂识》中记载，当年建造大报恩寺的时候，一共烧制了三套完整的塔身构件，其中一套用于塔身，另外两套则编号埋入地下，以备日后维修塔身时换用。这样一来，当年作为备用的两套琉璃塔身构件如今埋在何处？这成了一个谜。而用挖掘出的琉璃构件复原的拱门，其精美程度艳丽无比，这还只是一个拱门，不妨大胆设想，当初的九级五彩琉

璃塔应该更为耀眼夺目，而整个金陵大报恩寺的奢华程度更是令人难以想象。

当年大报恩寺内的珍贵宝物如今流散各地。在南京毗卢寺，有一座高 38 米的万佛楼，楼顶供奉的镇寺之宝中，有一件就是来自大报恩寺——金铁大磬。磬前的铜匾上写着："明永乐年间，由金铁合制而成……原供于南京大报恩寺琉璃塔内，太平天国时期大报恩寺毁于战火，大磬因而流失民间，清光绪年间两江总督曾国荃建造万佛楼，从民间幸得，供万佛楼。"

除此之外，当年大报恩寺的另外一件藏品——玄奘的顶骨，更是多个国家和地区之间争夺的瑰宝。

当年玄奘在长安玉华寺圆寂后，本葬于白鹿原，后因唐末黄巢起义，其墓地被毁，于是顶骨被迁至终南山紫阁寺。到了 988 年，南京的可政和尚来到紫阁寺修行，无意之间发现了玄奘的顶骨舍利、金钵以及一些衣物，遂将其背回南京，供奉于长干寺内，也就是大报恩寺的前身。

1942 年 11 月初，当时驻守南京的日军在大报恩寺三藏殿遗址上挖出一个石函，石函上刻有文字，记载玄奘顶骨迁葬的经过。挖出石函的消息虽被日军严密封锁，但各种传言不断，很快就被媒体曝光。日军迫于舆论的压力，承认挖出玄奘法师顶骨的事实，并由日军高森部队交予汪精卫政府。当时负责接收的是伪外交部部长兼文物保管委员会委员长褚民谊。移交的文物有玄奘顶骨、金佛像一座、纳骨小龛，还有一些玉饰宝、古钱。基于玄奘大师的显赫名声，想来迎请供奉的寺庙络绎不绝，其灵骨一分再分，如今，玄奘舍利分别保存在南京玄奘寺、南京灵谷寺、成都文殊院、西安大慈恩寺、台北玄奘寺、新竹玄奘大学、日本埼玉县慈恩寺、日本奈良三藏院、印度那烂陀寺等九处。而其中最为完整的应是南京九华山玄奘寺的那份舍利。

明代麒麟黄铜镇纸　6.4厘米×6.4厘米×4.4厘米

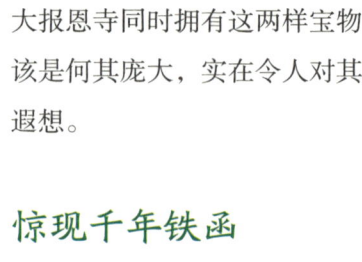

玄奘顶骨和金铁大磬任何一件都能成为一方寺庙的镇寺之宝，当年的金陵大报恩寺同时拥有这两样宝物，其规模该是何其庞大，实在令人对其充满无限遐想。

惊现千年铁函

2008年，考古工作者在修整大报恩寺遗址时，惊喜地发现藏于地下的寺院地宫。在地宫内，最引人注目的要数一只铁函，此物体积大，包裹也很严密。在地宫内还发现了石碑，依照石碑上的文字判断，此地宫应该建于宋代。不仅如此，石碑上还刻有：函内藏有"佛顶真骨""感应舍利十颗""诸圣舍利""金棺银椁""七宝阿育王塔"。2008年8月6日下午4点，考古发掘进入最后阶段，铁函正处于无水状态，用丝织物包裹的塔形完全展现出来。时任南京博物馆副馆长的华国荣轻轻提起丝织物的一角，神奇的事情发生了，包裹在里面的塔状物的塔心部位在灯光下发出点点蓝光。华国荣说："很显然，这是一座鎏金七宝塔，塔身有精美的装饰图纹，高度和体积还不能确定，要进行画图、测量、做平面、立面分析。"

为防止宝塔与空气接触遭到损坏，于是只掀起丝织物的一角。专家经过认真研究讨论后，确认并公布之前发现的宝塔为石函碑文中记载的"七宝阿育王塔"。此塔高 1.1 米、边长 0.48 米，属银质鎏金塔，也是世界上迄今为止出土的体积最大、等级最高的阿育王塔。

随着七宝阿育王塔的确认，专家断定碑文中记载的"感应舍利十颗""佛顶真骨"和"诸圣舍利"应该藏在七宝阿育王塔的塔身内。不过，能否从塔身中成功取出这些圣物还是一个未知数。根据考古人员黎毓馨介绍，当时浙江雷峰塔地宫考古发现的雷峰塔阿育王塔内藏的就是佛螺髻发舍利，但是塔身是被完全焊死的。出于对文物的保护，考古人员并未将藏在金棺银椁内的佛螺髻发舍利取出。

此次发现的七宝阿育王塔与雷峰塔地宫内的阿育王塔，不管从年代还是制作方面都十分接近，其塔身极有可能也被焊死。这样一来，佛骨真貌大概要永远埋藏其中。

明代郑和木雕

237

第五章

海底宝藏

南海一号：揭开了海底瑰宝的神秘面纱

　　20世纪80年代是一个海上寻宝的疯狂年代，众多海外盗宝者利用各种手段对我国南海海域海底文物进行盗捞，而当时的中国又限于财力等原因不能独立完成打捞工作，直到通过培养一批专业的水下考古人员后，捞捕工作才正式展开。并且于2001年，就在日常勘测即将结束的最后一天，水下考古人员发现了隐藏于淤泥当中的"庞然大物"。真相即将揭晓。

捞宝捞来的财富

　　2005年，由比利时文物投机商与印度尼西亚政府共同合作的寻宝活动开始启动，寻宝的目标主要是打捞南海沉船宝藏。比利时投机商出资500万欧元，注册了一家公司，并与印度尼西亚政府商议共同运作捞宝项目，最后所得利益均分。尽管此次寻宝活动花高薪从世界各地请来了潜水员和捞宝专家，还购买了数艘装备十分先进的捞宝船，这些捞宝船海底探测雷达的先进性甚至超过了印尼海军，但捞宝团队忙了近一年，还是一无所获。后来，当地的一些渔民给他们送来了撒网捕鱼时捞到的一些陶瓷碎片，捞宝团立刻派人到捞到瓷片的海域一探究竟。这支由13人所组成的潜水队潜入海底，经过辛苦勘察，在第二天的时候又找到几块陶瓷碎片和一个约30厘米长的瓶子，瓶子里面是一柄金刀。宝藏应该就在附近了，潜水人员立刻通知指挥中心，在附近海域展开大规模的搜寻活动，不久在距离海岸线约200千米的海底发现了一艘沉船。这是一艘很大的商船，70米长，15米宽。随行的比利时海洋考古专家告诉投机商，这是一艘属于中国五代十国（公元10世纪）时期的中国商船。投资商大为惊喜，立马派人打捞，船内将近25万件珍宝由潜水队员总共用了2万次才悉数捞起。捞起的宝物立刻被运往印尼首都雅加达一间秘密仓库进行保存。这些瓷器、铜镜、彩色玻璃器皿等堆满了仓库的架子，连地上都是。这些文物包括 14000 串珍珠、4000 块宝石，其中包括 400 块最为名贵的红宝石、400 块蓝宝石和 2200 块石榴石。

如此数量庞大且价值珍贵的宝物并没有被比利时投机商立刻出手，他们深知其巨大的升值空间。后来，在 2008 年中国北京奥运会的中国文化潮的推动下，他们出手了一些珍宝，轻松赚了 6000 万美元。

据中国历史博物馆水下考古研究中心统计，中国海域下"沉睡"着 2000 至 3000 艘古船，其中又以宋元时期的船居多，此外还有英国东印度公司和瑞典等国的外国沉船。船上所载的中国陶瓷、丝绸、金银珠宝等宝藏足以构成一个"海底瓷都"。而这些文物蕴涵的文化价值更是反映到方方面面，比如中国的航海史、海外贸易史、港口史、造船史、移民史、国家关系史、宗教史、科技文化交流史等。但令人惋惜的是，如此珍贵的历史标本在众多盗宝者眼中等同于钞票。

在荷兰东印度公司档案馆内，收藏着这样一本古航海日志，上面写道：1752 年，一艘名为"歌德马尔森"号的商船，在中国香港西南海域触礁沉没。当年，这艘从广州出发的商船满载着瓷器和黄金，准备驶往荷兰首都阿姆斯特丹。这篇日志在 200 多年后被一个叫迈克·哈彻的英国职业海上打捞者发现，他根据日记所提供的线索开着打捞船前往中国香港西南海域，展开捞宝行动。

此次打捞收获了 23.9 万件青花瓷器，125 块金锭，每块重达 45 千克。打捞上来的金锭很快为迈克·哈彻换来了 2000 多万美元的巨额回报，他更因此获得了"当代最成功的寻宝人"头衔。与此同时，"南海沉宝无数"的消息引来无数国际寻宝人前来盗捞宝藏。

海底宝藏遭盗

出生于 1940 年的迈克·哈彻是英国一名职业寻宝人。他是一名孤儿，从小在孤儿院长大的他饱尝孤独、贫寒和寂寞，在这里最大的收获就是看了许多

"南海一号"白瓷

明嘉靖　景德镇窑青花婴戏图大碗　15.2 厘米 ×31.1 厘米

北宋　定窑孩儿枕　9.8 厘米 ×9.2 厘米 ×19.1 厘米

慈州瓷器

南宋龙泉窑青釉裂纹瓷器 高 27.9 厘米

富有奇幻色彩的书，特别是那些寻宝类的书籍。拿着藏宝图，踏上寻宝之路，揭开重重谜团，然后一夜暴富，这样的生活是哈彻所向往的。2005 年年底，哈彻组织了一个捞宝船队，花高价雇来各种人才，其中包括考古专业的高才生、海难事故的研究者、东方海域的知情人，还有大批水性极好的潜水员。不仅如此，船队还配备有全世界最先进的高科技设备，如声波定位仪和磁感仪。整只船队每日探测成本高达 1 万美元。

潜水员在 30 多米深的海底发现了一个又一个铁环，然后发现一处全部由瓷器堆积而成的小山，杯子、碟盘、碗、罐、花瓶等随意堆在里面。寻宝者们喜出望外，在对沉船位置、船只规模、船上货物以及众多遇难者遗骸等认真研究之后，他们肯定这是一艘因触礁而沉没的中国清代商船。打捞工作随之展开，约 100 万件保存完好的瓷器被打捞上岸。在投机商眼中只有钱，瓷器被悉数打捞上来后，那些死难者的遗骸却被丢得到处都是。为了谋求更高的经济利益，哈彻竟然下令将其中 65 万件珍贵的瓷器打碎，原因是他认为"物以稀为贵"。剩下的 35 万件被运往德国，交予内戈尔拍卖行进行拍卖。仅在苏富比拍卖行拍出的一件中国元代青花瓷罐就获取了 2.3 亿元。在如此巨大的商业利益诱使下，各类沉船打捞队伍络绎不绝地出现在中国南海海域。特别是从 20

世纪七八十年代开始，打捞船队不惜血本用尽各种手段在各个海域进行搜宝活动。同时，一些东南亚国家，如菲律宾、印尼、越南等凭借着西方捞宝公司这一平台，给他们颁发许可证，允许他们在自己的领海内进行打捞工作，打捞所得按约定进行分成。不过，这些捞宝公司通常情况下都不会老老实实在规定海域内进行勘查，而是秘密潜到中国海域进行文物盗捞工作。美丽的南海成了盗捞者的乐园，曾在中国海床上躺了千百年的珍宝，就这样被一点一点地偷走。

"南海一号"

20 世纪 80 年代，来自英国海洋探测公司的 3 名队员看到了一则旧报上的沉船消息，随即决定在中国南海海域展开寻宝行动。此次他们向中国文物局提出打捞沉船申请，中方也决定同英国海洋探测公司进行合作，并指定广州救捞局参与。根据那份旧报上面的消息可知，当年那艘沉船属于东印度公司所有，沉船上面载有 6 箱白银、385.5 吨细锭，当时发生沉船的海域就是中国阳江的南海海域。不过报上并未指出沉船的准确位置。后来经过英国研究专家们的精确估算，他们找到沉船的地点，但下去后并未直接找到那艘满载白银细锭的沉船。在接下来的打捞工作中，中方和英国公司发生争执，导致双方解除了合同。当时，为节约成本的英国人将 1 吨多重的抓斗放在海里去抓，这一抓，抓出了上百件精品文物，但令人痛感惋惜的是，里面的瓷器全都成了碎片。如此打捞方法必定损失惨重，于是有人对此进行了劝阻。英国人表面上同意只打捞装有白银的船只，然而抓斗中还是出现了瓷器和中国古钱币等文物，意识到问题严重性的中方参与者立即向上级报告。当时中方的领导、南海救捞局的副局长尹干红态度强硬地对英方说："不行，这是中国的沉船，得由中国来解决。"紧接着，国家文物局对打捞上来的文物进行鉴定，发现这是一艘宋元时期的沉船，中国历史博物馆馆长俞伟超为其取名为"南海一号"。

"南海一号"的发现令众人兴奋不已。1989 年，中国决定跟日本进行合作，联合打捞"南海一号"。但仅持续 5 天就停止了合作，因日方发觉打捞工作耗资太大，获利困难。中方不得不自己培养水下考古人才，几批水下考古队员被派遣出国进行培训，还组织了近海考古训练和演习。终于在 2001 年，已成熟的国家水下考古队员对"南海一号"进行方位寻找，在勘测日程的最后一天终于在 2 米多深的淤泥里面发现了这个"庞然大物"。

为了看清这个庞然大物，考古人员先后进行了 8 次潜水探测，从了解船体结构再到对文物进行勘探工作。令众人感到惊奇的是，这艘船沉入海底已有 800 多年，但船体保存完好没有侧翻，船体的木质坚硬如新，这种情况在世界范围内尚属首例。同时，从沉船内打捞起来的文物数量巨大，件件都是精品。从中更可看出当时中国在世界海上贸易中的地位。打捞起来的文物中，有呈"喇叭口"的大瓷碗，与阿拉伯人常用的"手抓饭"饭碗类似，而这款式在国内还未出现过；另外还有一些陶瓷首饰盒上出现了充满异域风情的图案，显然是专为国外客户制作而成的。

到目前为止，从"南海一号"沉船点所打捞上来的铜钱已达上万枚。其中，最为年老的钱币是汉代的五铢钱，而最新的则是南宋初年的建炎元宝。这么多货币更加显示出了当时中国国力之盛。"南海一号"实在是当之无愧的"海上敦煌"！

金刀

广东湛江硇洲岛：找寻礁石中的银币

硇洲岛是中国第一大火山岛，是由20万～50万年前的海底火山爆发形成的。它的北边是东海岛，西边是雷州湾，东南面是南海，纵深则是太平洋。在古代的时候，这里被称作硇。千百年来，在这个神奇的岛上一直流传着海底藏有宝藏的美好传说。而不久前一名蛋家人在打鱼时无意发现的金银财宝，更是让当地百姓对那个传说深信不疑。为了一探究竟，考古学家们更是不惜重金培养出了一支强悍的水陆两栖考古队，对附近海域展开严密的搜索活动。传说是真是假，这下自会见分晓。

西班牙银币

硇洲岛自古就是航海线上的枢纽，居住在岛上的居民大多数都是蛋家人，蛋民们千百年来都流传着海底埋有宝藏的传说。在这个充满神奇的小岛上，也总发生着一些不同寻常的事情。2005年的一个傍晚，陈海忠照例出海打鱼，近几天天气晴朗，海面情况也相当不错，令人感到沮丧的是撒了几次网，却什么也没捞到。老陈本来就是以打鱼为生，如此一来一家老小的生活堪忧，所以此次老陈决定趁傍晚时分出海碰碰运气，只身下海摸些海货。蛋家人是汉族的一支，每家每户平日的生活起居都是在几十平方米的小船上度过的，千百年来蛋户人就形成了信奉海神的习俗。只要诚心供奉海神，出海捕鱼就不会出现大风大浪，最后还能满载而归。如果运气够好的话，海神还会赐予捕鱼者海底的金银财宝。大概渔民老陈一片诚心打动了海神，这日傍晚出海，他居然在海中的礁石缝隙里，发现了散落着的几枚古旧银币。

海底有银币的消息很快传遍了这个长期以海水养殖和捞捕业为主的岛屿。

硇洲岛人口不足五万，发现银币的事件让本来平静的小岛开始变得不再平静起来。几天之后，又有岛民在近海捉鱼时在石头上发现了几座炮，一开始是几座铁炮，之后又出现了一座铜炮。海神再次向岛民慷慨赐宝？一时间，海底有财宝的消息在广东沿海一带被传得沸沸扬扬。随着渔民们一次又一次地发现财宝，广东省考古研究所的工作人员开始对此进行关注，他们立刻召集了考古队员对渔民们已经打捞出来的实物进行考古调查。经过专家认定，老陈所发现的银币主要是西班牙银币，不过，虽是西班牙银币，上面却打上了中国十三行的戳印。而另外一个渔民所发现的铜炮是荷兰东印度公司的铜炮，上面还印有荷兰东印度公司的标志，其造型精美，工艺考究。国外也有如此漂亮的铜炮，但在个头上这算最大的一门了。

同是广东海域，却发现了两种不同的国家遗物，硇洲岛所流传了几百年的海神赐宝的传说自是不攻自破，但是足以证实湛江沿岸和硇洲岛在我国古代时期就是重要的通商口岸。在中国各个沿海省市中，广东所拥有的海岸线是其中最漫长的，全长3000多千米，而硇洲岛又是距离广东海岸最近的岛屿，自然而然地吸引了各国商船在此停靠。因受到当时自然环境的影响，沉船事故频发。渔民老陈所找到的银币极有可能是古代某只遇难商船所载财宝的一部分。如果这艘沉船的的确确存在，那么还有更多的财宝尚待发掘。

潜入海底

对于考古专家而言，每次考古挖掘出的财宝背后所隐藏的重要历史信息才是他们更为重视的。为此，考古专家们决定一探究竟。一般来说，打捞水下遗物，考古人员会首选声呐探测仪，通过物体声波的折射，可以绘制出沉落在泥沙上的实物的轮廓。不过硇洲岛却很特别，因为其所在的海域位于中国海西北边缘，受到全球气候的影响，此处冬季盛行东北风，在风浪的影响下，加上年代久远，遗物很有可能填埋在风浪卷起的厚厚泥沙当中。所以，即使采用声呐探测仪，也很难探测到。既然声呐起不了作用，那就只能依靠人工作业，比如锚钩钩挂，不过这种方法只适用于平坦的海底，且以砂质、碎沙石或者淤泥为主。将锚抛下海底，然后以很缓慢的速度开船，锚缓缓刮过海底，当碰到

清康熙　景德镇窑素三彩牧牛童子　26.7 厘米 ×25.4 厘米

清中期　银累丝烧蓝嵌宝菱花盒　4.4 厘米 ×12.1 厘米

清乾隆　珠宝盒　漆黄铜
27.3厘米 × 23.5厘米

沉船的凸起部位时将其钩住。但是硇洲岛海域水底情况较为复杂，采用这种方法不是很理想。考古人员最后考虑到让潜水员进行拖弋搜寻，与锚挂不同的是，船垂下海底的绳子的一头所挂的是一块拖弋板或者拖弋钩。当船在行进的过程中，潜水员把自己挂在板或者钩上巡视海底。经过初步探测，遗址所在的海域在涨退潮时的水深范围仅为 0.5 ~ 3 米，海水能见度很高，海床也是碎沙石的质地，适合潜水工作。但同时出现的另外一个难题是专业潜水员毕竟不是考古人员，当时中国的专业水下考古人员数量不多，只有近 50 人，再加上年龄等因素，很多已经不能再下水进行工作了。为此，广东省考古研究所做了一个大胆的决定，启用一支适用于水陆两栖作业的专业考古队学员，不仅为我国水下考古充实新生力量，同时也可以检验学员们的实战技能。经过三个多月的严格训练，通过严格的潜水测试的考古队学员们出征的首次任务就是在硇洲岛附近海域进行探宝。面对着一千多平方米的海域，首次下海的考古队员们充满了信心。他们先是根据渔民所提供的线索大致设定了一个区域，下潜到海底之后，逐步排查、缩小海域范围，在沉海遗物聚集的海域，布一个 40 米 ×60 米的探访架，抽掉覆盖在沉海财宝上的泥沙，再由队员们用金属探测仪探测和徒手进行搜索。水下考古比野外考古难，因为受海底的状况限制，海底有没有能见度，水流是否急，这些因素都会影响水下作业。再加上海底的情况复杂，极有可能被鲨鱼攻击。

第一天，水面泛绿，下去之后能见度很差，周围全是浑浑黄黄的水，同训练基地的水质相比，硇洲岛海域的水下能见度几乎为零。并且当天海水流速很快，队员们被冲得摇摇晃晃失去中性浮力，如果身体碰到海底的泥沙，海水会变得更加混浊，根本无法进行正常的水下作业。对于中性浮力，这里有必要做一个解释。拿一个实验来进行说明，当把乒乓球放在水中时，球没有沉底，而是浮在水面上，这是因为水有浮力。这个时候用手给球压力，它就会沉入水中，如果当人作用于球的压力与水对球产生的浮力相等，乒乓球就会悬浮在水中，这就达到了所谓的中性浮力。同样的道理，虽然队员们在此之前做了充分的准备，但第一次试潜，因为不良海况导致他们在水下失去了中性浮力，所以失败了。

清　缂丝龙舟竞渡图　88.9厘米×19.4厘米×3.8厘米

海底探索

连日来，天气一直降温，再加上大海如同天空中的云，难以捉摸，瞬息万变。每天在冰冷的海底进行摸索作业，不管是抽泥还是搜索，都一无所获。孤独与恐惧伴随着每个队员。在漆黑寂静的海底，队员们开始各自拉基线进行搜索工作，搜索工作是对每一名队员体力的巨大考验。

除此之外，成群的水母对水下考古来说也是一个不小的威胁。看似柔弱无力的水母，触手上面布满了刺细胞，如同毒丝一般，有的还能射出毒液，猎物被刺蜇之后，会迅速麻痹而死。而人的皮肤一旦遇到水母释放出来的黏液，更会造成痛痒。此次考古挖掘中就发生了这样的意外。有名队友突然感到脸上特别疼痛，整张脸都是火辣辣的。这就是碰到了水母所释放出来的黏液。另外，如果在水域中出现大批的水母和海生物，则预示着洋流即将到来，队员们在水下所布置出来的搜索区很有可能会被海浪冲走。这就意味着之前所有的辛苦工作都将白费。考古队抓紧时间，最后决定一定要在两次潮汐中完成最后一次下潜的任务。

搜索工作是一项仔细、严谨的工作，因而进展十分缓慢。队员们每天都会在几个工作区域内往返作业，枯燥重复的工作常常令人沮丧。然而，一名队员的意外收获却给沉闷的水下考古队注入了一剂兴奋剂。在金属探测仪的帮助之下，一

元代菊花景德镇瓷高足杯　直径 13 厘米

名队员发现了一枚西班牙银币，与渔民老陈所
找到的那枚银币属于同种类别。队员们根据这个
细小的发现顺藤摸瓜，探寻沉船财宝集中
的区域。经过近一个月的地毯式的搜索
之后，队员们终于找到了财宝所在的
区域，大规模的考古挖掘随之展开。
尘封海底几百年的财宝相继出水，尽
管许多已经布满锈迹，失去了昔日的
光彩，但从黄金海岸捞出来的每件物品
价值都难以估量。其中包括卡洛斯三世
的银币、我国古代的青花瓷器、铜灯、铜
锁、古砚等。并且根据在此挖掘出来的出
水文物，考古专家判断在此所沉之船应该是
乾隆年间的沉船。但是令人感到遗憾的是，
考古队员没能找到那艘沉船。由于受气候等
因素的影响，调查行动不得不暂停。关于沉船
消失的原因，专家们推测，很有可能是因为这

明万历景德镇瓷花瓶

艘沉船为全木制的，当地又属于亚热带气候，海水温度高，水中的浮游生物
相应也多，特别是一种叫船蛆的海洋生物，许多沉入海底的木制物品都遭到
它的蚕食。况且经过这么长的时间，海水也会对船造成可大可小的侵蚀作用。
船消失了，而装在船舱内的财宝却遗留在了海底。考古学家们坚信，一定还
有一些沉船的残骸尚在。关于沉船的准确原因以及航线，专家们还在进一步
的考察当中。

碗礁一号："海底瓷都"惊艳出世

　　在福建省东海海域的平潭碗礁附近，有一艘沉睡了几百年的船只——碗礁一号。上百年前，这里曾是商船频繁往来的主要航道，古代商船从福建等地出发，穿过南海、印度洋、大西洋等地将丝绸、茶叶、瓷器等运往欧洲各国。但因为此海域暗礁众多，海流湍急，不少商船在此沉没。"碗礁一号"就是其中之一，它满载着一船瓷器在此遇难。

　　2005年6月，"碗礁一号"被当地渔民意外发现，中国国家博物馆水下考古研究中心的水下考古人员随即赶往海域，进行抢救性的挖掘工作。最后挖掘出的出水文物加上从民间收缴回来的文物包括碗、碟、杯、将军罐、香炉等十个品种的五彩瓷和青花瓷器，数量总计达16000件。

抢救性捞捕工作

　　福建省海域面积13.6万平方千米，海岸线3324千米，位居全国第二。2005年6月下旬的一天，渔民们如往昔一样，撒网捕鱼。令人意想不到的是一渔民在东海碗礁海域（因其附近海域有一名为碗礁的礁石而得名）收网时捞上了一网子的瓷器，这些瓷器大多长满了海蛎，但质地优良，上面所饰花纹精美古朴。上百年前，这里是一条商船往来频繁的航道，由于暗礁多，海流又变化难测，很多商船在此沉没。根据沉船上的货物，当地人把这里的海域依次命名为白糖礁、银珠礁、碗礁。当地渔民在这些礁石附近捕鱼的时候，常常网到各种瓷碗，但如此精美、大数量的瓷器捕捞还是第一次。于是，众人纷纷猜测"海底有宝"。

　　考古专家闻讯，立即展开了调查。在福建省福清市平潭县屿头乡东北约

20 千米的东海海域，专家发现水下十多米处有一艘沉船。经过严密的探测和分析，确定这是清朝康熙年间运送瓷器的船只，而这些瓷器所属的年代竟然是清代前期景德镇的青花瓷器。如果没有猜错，这将是一次前所未有的重大考古发现。水下考古队赶到现场时，已经有二十多艘大小船只停泊在海面上，这些是盗宝分子的船，他们甚至雇来了潜水员，对沉入海底的文物进行大肆哄抢。大量古瓷器被盗走，有一个船舱甚至被盗得一干二净。

福建平潭县公安局、边防大队连同福建省边防总队海警一支队迅速撵走了盗捞者的潜水员，并控制了沉船所在海域。随后，国家专业考古队的潜水员赶来。7 月 2 日，水下考古队员潜到海底附近，进行第一次水下摄影。

7 月 6 日，国家文物局和国家博物馆共同垫付总额超过 700 万元的发掘经费，由专业考古人员对沉船进行抢救性挖掘，并将其命名为"碗礁一号"。7 月 12 日，中国水下考古队工作人员正式对沉船进行前期发掘工作。13 时 40 分左右，水下考古作业正式展开，分为水下勘测和文物发掘两个部分。当天水域情况并不理想，风浪很大，浪头近 1 米高，水温约 22 摄氏度，水流速大约每秒 55 厘米。流水带来的大量泥沙导致悬浮物多，又恰逢当日阴天，所以水下能见度很低。这给考古工作带来了一定的影响。

下水之后的考古人员首先报告自己的所在位置，随即对沉船进行绘制，用不同颜色的线描绘探方位置，并开始发掘沉船上的瓷器。由于水下的泥沙松软，所以瓷器被轻巧地取了出来。取出后的瓷器用塑料篮子装着，然后带到岸上。水下考古队员在这一阶段要注意的是尽量保持水下遗址的原貌。在随后的水底探测中，发现沉没在水下 10 米左右的地方，掩埋在泥沙当中有一艘木船，具体大小难以测出，只能看到部分船板和船舷。大量瓷器散落沉船四周，品种繁多，有碗、盘、碟、酒杯等日用瓷，虽年代久远，但釉面还是很新，图案也清晰可见。前期林林总总挖掘出了不少宝贝，然而，压轴戏通常都在后面。

"海底瓷都"惊艳出世

2005 年 9 月 16 日至 21 日，中国水下考古队正式对"碗礁一号"沉船进

北宋　景德镇青柏窑釉瓷梅瓶　高 38.1 厘米

清康熙 蓝釉烫金景德镇瓷瓶 44.5 厘米 × 11.7 厘米 × 12.1 厘米

清康熙 时期蓝釉饰金景德镇瓷盘 3.8 厘米 × 26.7 厘米 × 15.2 厘米

中国 17 世纪面向欧洲市场的瓷盘

清顺治　景德镇珐琅瓷花瓶　38.1厘米×19.1厘米

行考古发掘。最先进的考古设备、摄影设备以及两艘专业打捞船被用到了此次考古工作当中。考古队首先进行抽泥作业。当泥沙被抽开后，成堆的完好文物呈现在水下工作者眼前。这样一来正好说明"碗礁一号"在沉没时，船体破损，上层货物落到了船体外。

9月19日，考古工作进入了关键阶段，而这一天又恰逢最猛烈的天文大潮。在"东六舱"，水下考古人员发现几摞花口青花大磁盘，这些瓷盘口对口或者底对底地紧密摆放着，看样子还保持着300多年前装船时的模样。这块区域的海底泥沙不如之前的那般松散，队员们先是清理掉了上面的泥沙和周边的杂物，然后再分步骤小心翼翼地取出了大批"克拉克瓷"，总共55件克拉克青花瓷盘。16世纪后期，"克拉克瓷"深得欧洲王公贵族的喜爱，是中国的外销青花瓷器。

同时，沉船中出水了一些筒花觚、高脚杯，还有一只精巧的餐桌小花瓶。这些东西应该是销往欧洲的，按照欧洲人的习惯，上面都加有盖子。在"东四舱"内，考古工作者发现了几个掩埋在泥沙中的硕大的青花瓷罐。其中一个为康熙年间最为流行的"将军罐"，另外两个瓷罐中，一个是青花瓷罐，一个是五彩瓷罐，构图精美。

从"碗礁一号"出水的瓷器，表面上虽光洁如新，但经过300多年的浸泡，海水中的盐分会一直渗透到瓷器里面去，甚至穿过釉彩进入瓷胎。按照惯例，打捞上来的瓷器会被考古人员立刻放入淡水当中浸泡，使其脱盐。然而，要做到彻底脱盐并不是一件容易的事，从时间上来讲，需要浸泡数月；再者，这么多出水瓷器，到哪里找那么大的水池存放瓷器呢？如果不能把盐脱净，瓷器会遭到损坏。因此，如何保护好这些出水瓷器成了考古队员十分头疼的一个问题。

9月下旬，对"碗礁一号"进行的考古发掘工作已经阶段性结束。最终清理发掘出文物15000多件，经初步统计有50多种器型，100多种纹饰。包括海警和边防从民间收缴回来的1287件文物在内，从"碗礁一号"沉船共获得了16000多件瓷器整器和碎片主体。对于之前遭到盗捞的瓷器，中国水下考古队只能深感遗憾，但此次考古颇丰的成果确是有目共睹的。

精美青花瓷

经过现场初步鉴定，专家确认"碗礁一号"沉船上的大多数瓷器都是清代康熙中期江西景德镇民窑的青花瓷器。上面有"双圈底"，"双圈底"是康熙年间瓷器特别明显的特征。瓷器上的图案异常精美，有缠枝莲、博古图还有人物等。"八骏图""渔家乐""五子夺魁"等绘画虽寥寥数笔却生动传神。有些做工精细的瓷器还十分通透，在阳光的照射下，还能看见瓷器后面的物体。

青花瓷器的出现在中国陶瓷史上具有划时代的意义，它起始于唐代，鼎盛于清代康熙年间。康熙年间景德镇青花瓷器的烧制工艺代表了中国制瓷工艺的历史最高水平。《陶雅》说："世界之瓷，以吾华为最；吾华之瓷，以康雍为最。"青花瓷器，始终是"碗礁一号"沉船的焦点所在。"碗礁一号"的考古发现无疑为中国古代青花瓷器的外销以及相关重要历史的研究提供了宝贵的资料。

从沉船上打捞起来的瓷器，品种多，从大多数瓷器的胎质、釉色以及装饰来看，都十分精美，但令大家倍感疑惑的是，船上竟无一件景德镇官窑的瓷器。其中超过半数的瓷器采用高岭土烧制而成，其工艺水平更是不亚于官窑。

令众人疑惑的是，为何在清代康熙青花瓷上面会出现简体的"双龙"二字呢？消息传出后，众说纷纭。最后福建省收藏文化研究鉴定委员会副主委陈赞尧解释："简体字并非在1949年以后才出现，在此之前，郁达夫、陈独秀以及更早时期的康有为、谭嗣同等人都在试图把繁体字进行简化，简化的依据是中国传统书法当中的破体、俗体和小写。这些字体早在汉代就已出现过，历代书法中也是屡见不鲜。只是1949年以后政府在全国范围内推行简体字，所以大家会觉得简体字只有在1949年以后才出现。"陈赞尧还说，"'双'和'龙'这两个字在魏碑中出现过，更在甲骨文、金文中出现过类似简体的写法。过去商人、工匠为了办事方便，常常使用类似现在简体字那样的小字，因此康熙瓷器上所出现的'双龙'二字应该只是制作人留下的招牌记号而已。如同画押一般。"

福建省收藏文化研究会副会长谢钟良也表示，从书法当中演变而来的简体字在明清甚至更早期就已在民间开始使用，并且采用简体和繁体并行的方式。所以民间工匠在瓷器上使用简写的"双龙"也是有可能的，在之前的一些古代瓷器中也发现过以简体字作为标记的类似情况。

据介绍，目前出水的瓷器做工或精细，或粗糙。精细的瓷器极有可能销往欧洲。中国瓷器在当时深得欧洲贵族的喜爱，并被视为可以炫耀的奢侈品。这些瓷器很可能销往不同地区，属于早期的外销瓷。大部分出水瓷器光洁如新，不过一些五彩瓷器的釉彩色彩描绘在釉层外面，经过300多年的海水浸泡，永久性地失去了光彩，只有极少数留有当年的风采。

此次发掘出来的瓷器，专家认为是已经探明的水下遗址当中最好的了。而关于当年"碗礁一号"沉船，经专家推测，有三种可能：1.此船从景德镇出发，沿水路到长江并出海，在前往福州、泉州或广州的途中不幸沉没；2.此船应为转运船，按照清代的历史资料估算，当时也许正有一艘西班牙的商船在某处等待它的到来；3.越南海域曾发现过类似的中国沉船，所以目前发现的这艘沉船或许是一艘中距离的远洋船，正欲把瓷器运往越南等地区。

"碗礁一号"当年到底是因为什么而沉船呢？这片海域，从古至今，航线并无太大的区别，往来船只仍然络绎不绝。或许，当年的"碗礁一号"航行至此遇到了风暴，最后偏离了航道，触礁沉没。300年的光阴，沉睡于此。

阿波丸：为什么让世界如此惦记

　　"二战"后期，日本面对战场上的不利形势，决定将他们从东南亚搜刮的财宝物资全部运回国去，当时执行这一任务的便是被日本军队征用的"阿波丸"号。

　　船长以为"阿波丸"号有美国政府颁发的"免死牌"，所以此行会比较安全，然而他没有想到，"阿波丸"号竟然被美军潜水舰"皇后鱼"号发射的数枚鱼雷击中了。"阿波丸"号沉没得很快，只有短短三分钟，它便沉没了，随着它沉没的除了船上的 2008 个人（只 1 人生还），还有日本人从东南亚搜刮的大笔金银财宝和大量物资，其中包括 40 吨黄金、12 吨白金、40 箱左右的珠宝和文物、3000 吨锡锭、3000 吨橡胶以及数千吨大米、大批工业钻石，以及被称为无价之宝的北京人头盖骨。

　　20 世纪 70 年代，有人对"阿波丸"号所载物品进行了估值，据说，"阿波丸"号上所载的物资不计北京人头盖骨，价值高达 50 亿美元。这是多么巨大的一笔财富，它吸引着不知多少人前去探寻。

　　自 20 世纪 70 年代开始，我国也开始了对"阿波丸"号的漫长搜寻过程，时至今日，"阿波丸"号仍旧沉没在深深的海底，它所运载的财宝也仍然是一个谜团……

拥有免死牌却仍被击沉

　　为什么"阿波丸"号会被美国潜水艇的鱼雷击中？有人根据相关资料，重现了"阿波丸"号沉没的始末。

　　1945 年 3 月 28 日，"阿波丸"号于新加坡码头起航，在 4 月 1 日夜，经过台湾海峡，虽然当时台湾海峡海面上浓雾弥漫，可是"阿波丸"号的船长仍

清　佚名　巡阅北洋海防图

决意冒险前行。"阿波丸"号原以为这么恶劣的天气，美国的海军会回港休息，可是编号 SS—393 的潜水艇"皇后鱼"号，却正如一条捕猎的虎鲨，巡行在台湾海峡中，监视着一切过往船只，打击着日本来往军舰。

美国海军之所以会这么戒备，是因为当天中午 12 时左右，"皇后鱼"号舰长拉福林接到报告，说僚艇"海狐"号刚刚用鱼雷袭击了一艘日军运输船。僚艇"海狐"号这一举动，很可能会使美国海军遭到停靠在马尾港的日本舰队的疯狂报复。为防止他们因日本的疯狂报复而失去南来北往的咽喉要道——牛山海区，拉福林便命令全体舰队提高警惕，严密监视、侦察往来于此的所有船舰。所以即使 4 月 1 日晚上，台湾海峡中浓雾迷漫，美国海军仍没有丝毫放松。

台湾海峡上大雾迷漫，"皇后鱼"号侦察视线因此被阻，只能在 200 码的范围内侦察，范围外的只能用声呐进行侦察了。可是声呐侦察只能知道在范围内是否有船只，至于船只是商船还是军舰，只能凭感觉来判断了。

21 时 50 分，"阿波丸"号被"皇后鱼"号通过声呐发现了，当时它距离"皇后鱼"号潜水艇大概 15 海里左右。当时他们并不知道这艘船是已经得到美国政府许可往来于东南亚和日本的"阿波丸"号。所以"皇后鱼"号向其发出信号，让其减速接受检查。

然而"阿波丸"号不但没有听从美国海军的信号减速，反而如被鲨鱼惊起的鱼一般，仓皇逃窜。因为"阿波丸"号的突然逃窜，"皇后鱼"号潜水艇据此认为，它是一艘巨型的日本军舰，而且他们根据经验，还判断它极有可能是驱逐舰，因为普通的军舰不可能拥有如此快的航速。所以拉福林立刻决定向附近的船舰求助，将这艘不听信号的日本舰艇击沉，以获战功。

当时接到拉福林求助信息的是僚艇"海狐"号，它在收到拉福林所在潜水艇发来的"阿波丸"号的方位、航行速度与预测航线等信息后，便立刻转向靠向"阿波丸"号。"皇后鱼"号再次发出警告，命令"阿波丸"号停止航行，接受检查。可是"阿波丸"号仍没有听从美国海军的命令，继续快速航行。看到此情形，"皇后鱼"号为了防止"阿波丸"号逃脱，便向它发射了鱼雷。

"皇后鱼"号瞄得很准，第一枚鱼雷就击中了"阿波丸"号。"阿波丸"号在一声震天动地的爆炸声后，猛烈地抖动了一下，可是它并没有停止航行，反而继续加速航行。本来"皇后鱼"号见"阿波丸"号被击中后，想要停止继续发射鱼雷，等这艘日本军舰表明身份。然而，"阿波丸"号做出了让自己沉没的错误选择，它不但没有发出任何表明身份的信号，反而继续加速。

"阿波丸"号这个世纪性的错误，使得潜水艇"皇后鱼"号舰长拉福林的最后一丝犹豫消失了，他终于下命令击沉"阿波丸"号。就这样，一枚接着一枚的鱼雷向"阿波丸"号发射过去。"阿波丸"号爆炸了，它从中间炸裂开来，裹着冲天的火光，开始沉没。

"皇后鱼"号以及附近的船舰，看着那冲天的火光，听着那轰轰的爆炸声，等待着"阿波丸"号的沉没。他们没有失望，在23时5分，"皇后鱼"号的声呐显示，"阿波丸"号的信号完全消失了。看到声呐显示"阿波丸"号的信号完全消失后，"皇后鱼"号加快速度，驶向它沉没的地方，观察详情。

"皇后鱼"号的速度很快，大概10分钟后，它便赶到了"阿波丸"号沉没的地方。借着巡视灯柱的扫射，"皇后鱼"号的美国海军发现，声呐上显示的日本军舰完全沉没了，海面上没有一点船舰的踪影，只有密密麻麻的尸体和大大小小的死鱼在飘浮。

当时面对日本军舰完全沉没的战果，拉福林很高兴，可是他却怎么也想不到，他的这次指挥作战，不但没有为他赢得军功带来荣耀，反而制造了历史上有名的沉船宝藏之谜。

大量违约物资

"二战"时，美国与日本是对立的国家，而且在1944年时，日本在战场上就已经处于不利的地位，在此情形下，为什么美国会同意日本的"阿波丸"号往来于东南亚和日本之间呢？原来，正因为当时日军在太平洋战场处于不利地位，美国政府想要更快地赢得胜利，赢得在东南亚更大的利益，就通过国际红十字会，派人前往瑞士与日本官员秘密达成协议。日本也因为自己在战场上的不利情势，不再坚持自己的侵略政策，而与美国政府达成妥协协议，同意国际红十字会在日占区，对盟军战俘和侨民进行人道主义援助。美国政府为日本提供的便利政策就是允许日本的"阿波丸"号往来于东南亚，运载在东南亚的日本人回归日本。

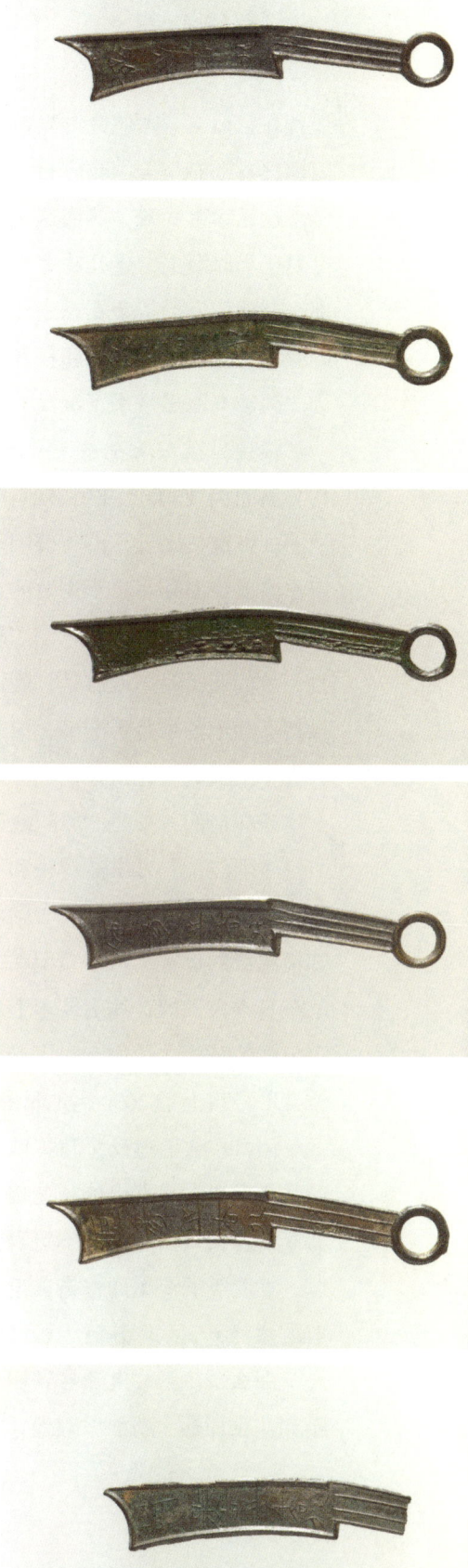

汉刀币

　　为什么日本提议让"阿波丸"号来运载在东南亚的日本人，而不是用性能更优越的军舰呢？原来，虽然"阿波丸"名义上是商船，可是实际上，它的规模、性能都建造得和日本真正的军舰并无二致。相关资料中记载："阿波丸"号全长5084英尺，总吨位11429吨，最高时速可达到20节每小时。"阿波丸"号如此高的规模与性能，使它不仅服务于商贸往来，甚至还从事过运送军事物资的任务，如往返6次为在东南亚作战的日本陆军运送给养和弹药。

　　因为"阿波丸"号有运送过军事物资的经历，所以，日本在与美国政府秘密协议时，就选择了"阿波丸"号来执行任务。为了确保"阿波丸"号能安全、顺利地运送撤离东南亚的日本人，日美双方在协议附件中特别做出了以下约定："阿波丸"号撤掉高射炮和舰首大炮，撤走护船士兵；"阿波丸"号将船体明显的部位涂成白色，并在白色上面画上绿色的十字；如果"阿波丸"号要在夜间行船，则在行船时用灯光加以照明，以方便美军战机和军舰识别。他们的这些约定都是为了让"阿波丸"号不会被美国海军当成日本的作战军舰，而予以击沉。

　　当时日本与美国政府约定得很详细，可以说有了这一协议，如果双方都能很好地遵守，那么"阿波丸"号往来于东南亚和日本，就有了美国海军的护卫。正因为日本政府与美国政府有了这一安全协议，所以他们才会想到利用"阿波丸"号来运送军事物资，然而这一做法，却与他们当初与美国政府的约定不符。可是对于当时海上力量几乎完全被消灭的日本来说，如果能成功地瞒过美国方面，那么，他们发动战争在东南亚攫取的大量物资将为战败后的日本带来快速发展的有力支持。所以，两厢权衡之下，日本方面铤而走险了，他们的这一决定，为"阿波丸"号带来了沉没的命运。

很快，在东南亚被失败阴影笼罩的日本人就听说了，"阿波丸"号将于1945年2月17日上午，在滨田松太郎船长的指挥下，装载2000吨救援物资，从新加坡港口出发，沿与美国政府约定的航线，返回日本。这一消息对于久困于东南亚，面临一步步失败的日本人来说，不啻为天大的喜讯。

那些日本人都听说过，"阿波丸"号拥有美国政府颁发的"免死牌"，而且，他们还听说，这次是"阿波丸"号最后一次运载在东南亚的日本人回国。虽然不知道消息是否准确，可是仍留在东南亚的日本高官、军界的首脑人物、大批中上层商人以及他们的家属使出浑身解数，弄来"阿波丸"号的船票，挤上这条在他们看来是"希望之舟"的船舰。

"阿波丸"号虽然规模和性能与军舰无二，可是它的运载能力并不是无限的，根据原设计图显示，"阿波丸"号设计运载人数只有236人。虽然人们都知道超载的危害，可是滞留在东南亚的日本人因为这是"阿波丸"号最后一次运载日本人回国，加上要求上船的日本人都携带着大量金银财宝，所以虽然船上已经装载了大量物资财宝，运载人的能力大为减少，可是滨田松太郎仍让"阿波丸"号挤上了2009名船员和乘客。

因日本方面违反了与美国政府的协议，运载了许多违禁品，所以他们在看到"皇后鱼"号发出的减速接受检查的信号时，不但不减速，甚至在受到美国海军的鱼雷攻击后，也不想表明身份，想凭借"阿波丸"号足以媲美军舰的速度，摆脱美国海军的追击，返回日本。可是事实却是，"阿波丸"号在日本政府的贪婪下，深深地沉入了海底。

那么，"阿波丸"号到底装载了什么东西？会让它此番出行一反常态，在刚到达雅加达、新加坡等地，就进入了严格的保密状态？甚至在装载货物时，都在日本宪兵的严密监视下进行装载？甚至更让他们即使面对鱼雷的攻击，也不想表明身份，接受检查，以保证生命，反而是妄想逃脱呢？

对于"阿波丸"号到底装载了多少财宝与物资，这些货物到底有什么名堂呢，这些问题都因为它在台湾海峡被美国海军击沉了而无法详查，可是我们还是能通过各地报纸报道的新闻推测一番的。

对于"阿波丸"号，美国《共和党报》在1976年11～12月号特刊中是这样报道的："阿波丸"号装载"黄金40吨约960000盎司，价值1亿3440万美元；白金12吨约合5700万美元；工业钻石15万克拉，约3000万美元；纸币价值不明；宝石、工艺品等价值不明。"

中国台湾的《中国时报》对此也有大篇幅的记载，它在1976年11月21日称："该船被击沉时载人2009人，货物有金锭40吨，白金12吨，未加工的宝石15万克拉，美、英、香港货币数捆，工艺品40箱，锡3000吨，铝2000吨，钛800吨，橡胶2000吨。"

不只在"阿波丸"号沉没时有报纸报道有关它的消息，即使在它沉没后的30多年后，仍有报社报道它的消息。像美国合众社，就于1978年报道过来自加利福尼亚圣地亚哥的消息，美国合众社称：圣地亚哥的潜水员邦顿想要打捞"阿波丸"号，他通过调查资料，认为"阿波丸"号是日本史上沉没的最有价值的一艘船只，因为仅"阿波丸"号上装载的锡锭的价值就高达5700万美元，不用说其他的。邦顿说，"阿波丸"号上最值钱的并不是锡锭，船上还有"20吨铂，800吨钛，一些艺术品，15万克拉未加工的钻石，100万盎司黄金，16吨金币"。这些都是无价之宝。

研究"阿波丸"沉船之谜的美籍日裔专家福密实，根据自己的研究发现，曾在20世纪70年代对"阿波丸"号上的物资做出了估值，他说"阿波丸"号按照当时的货币价值，它应该值4000亿日元至6000亿日元。然而福密实也承认，他估出的这个价值是按照他所选定的方法大体估算出来的，没有准确的计算方法，如果别人采用不同的估值方法，得到的"阿波丸"号价值很可能不同。不过，他认为，无论采用哪种估值方法，"阿波丸"号的价值都只会比他估计的要高，而不会低。

"阿波丸"号具体装载的财宝和物资是多少虽然没有准确记载，可是它上

明嘉靖 景德镇窑青花五彩鱼藻罐 高 23.2 厘米

汉青铜酒樽　15.6 厘米 × 15.9 厘米

明万历景德镇龙凤瓷盘　7厘米×37.5厘米

清康熙　景德镇窑五彩掷果盈车图大盘　10.8厘米×61.3厘米

面有大笔财宝与物资还是得到了人们的认同，尤其是在我国福建平潭一带，当地渔民间一直流传着日本沉船有宝的传说。据了解，支持这一传说的，是当地渔民曾从海里捞起过尸体和珠宝的事实。

有了大体估出的价值与曾打捞起过珠宝的事实支持，"阿波丸"号沉船宝藏要想继续安静地沉在海底是不可能的，所以无论是民间组织，还是各国政府，都对"阿波丸"号表示了极大的兴趣，想方设法要将其打捞出来。

艰难的"77·13工程"

面对"阿波丸"号沉船的大笔宝藏，尤其是其上的财宝与物资绝大部分是日本人自我国攫取的，我国政府自然也想将其打捞起来，让这笔没有被日本人运走的财宝重回祖国的怀抱。我国的这一决心，全世界皆知，所以当1972年2月21日至28日，美国总统尼克松访华时，为了接续上断了长达20多年的邦交，他便在访问时，携带了这样一份礼物，以表诚意。这份礼物就是"阿波丸"号沉没在我国领海的大致方位和所载货物的详细清单。

对于这份礼物，美国的《共和党报》称，这是他们通过人造卫星观察，以及中情局人员的努力勘察后绘制的。他们的总统送给中国政府这份礼物，一是为了表示自己接续邦交的诚意，二是希望能与中国政府联合，共同打捞"阿波丸"号沉船。

美国的《共和党报》报道的这一消息，迅速引起了全世界的关注。当时已经与我国建立正常外交关系的英国也表示想参与到"阿波丸"号的打捞活动中。真可谓财帛动人心，听到这个消息后，日本也坐不住了，虽然当时他们没有与我国建立外交关系，可是仍通过各种渠道，向我国政府表示想参与到对"阿波丸"号的打捞过程中。当然了，相对地，他们也提供了自己参与打捞活动的资本，日本方面说，他们可以为打捞"阿波丸"号提供自己所掌握的有关"阿波丸"号沉船的资料和对船上所载财宝、物资的判断。

当时我国政府并没有表示出坚决拒绝的态度，因为以我国当时的技术，要想独自完全打捞出"阿波丸"号的确有着不小的困难，所以各国政府及民间组织纷纷涌来我国，并提供了他们参与打捞活动的资本。

如 1972 年，日本方面就派出了港湾代表团来华，他们参与打捞的资本是可以为我国政府提供有关击沉"阿波丸"号的美国潜水艇"皇后鱼"号舰长拉福林的报告以及其他一些相关资料。

美国方面，美国的民间组织请美国一家律师事务所于 1973 年 7 月和 8 月给我国政府发来三封信，信中提供了他们所掌握的"阿波丸"号沉船中装载的重要物资种类和大概数量，当然了，要求也是想参与打捞"阿波丸"号。在没有得到我国政府的明确回复后，美国方面并没有死心，在 1976 年 4 月和 6 月，美国国际打捞公司又跟我国驻美联络处联系，此次他们的态度很强硬，直接要求要到台湾海峡用 360 个工作日来打捞"阿波丸"号沉船。不过，因为"阿波丸"号沉船沉没于我国领海，而且那里还处在福建前线军事戒备状态之下，所以对他们的要求，我国政府拒绝了。

然而"阿波丸"号沉船价值巨大，意义也十分重大，所以，面对国内外各种有关打捞"阿波丸"号的声音，中国政府在仔细考察了我国当时的海洋打捞技术后，让海军和交通部联合打捞"阿波丸"号沉船。

1977 年 4 月 5 日，国发〔1977〕13 号文件由国务院、中央军委正式向海军、交通部和福州军区下达。国务院、中央军委在文件中明确指示：他们同意海军和交通部提出的勘测打捞"阿波丸"号沉船方案，以及打捞基地设在福建省的平潭岛的提议。打捞工作由海军和交通部联合进行。这一打捞工程后来被称为"77·13 工程"。

海军和交通部收到国务院和中央军委正式下发的文件后，很快就展开了打捞"阿波丸"号沉船的工作。打捞基地——平潭县奥钱镇前进村的渔民也都被联合工作组召到了镇里参与打捞工作。

虽然有外国提供的"阿波丸"号沉船位置的资料，可是具体位置仍无法准确确定，所以当时被召集的平潭县奥钱镇前进村的渔民，主要任务就是用拖网查实"阿波丸"号沉船的准确位置。

因为保密原则，当时联合工作组并没有告诉当地渔民他们要打捞的是哪艘沉船，只是要求渔民提供有 20 匹马力的渔船。受条件所限，当时联合工作组只召集到了 10 条符合条件的渔船。不过，渔民的人工还是比较足的，虽然只有 10 条渔船，可是每条船上有 15 名渔民。

渔民们在联合工作组的工作人员的带领下，拿着专捕蟹虾的渔网，在海底拖行。因为这种渔网可以相互连接，形成长达十几千米的巨大网阵，所以虽然渔船有些少，可是他们拖查海底的工作还是做得比较仔细的。每当他们感觉到网被障碍物挂住时，他们便在挂住渔网的地方设一个浮标，并报告给联合工作组，让他们掌握大概情况。

我国政府对那次打捞可以说是十分重视的，所以当时不只召集当地的渔民拖行海底，了解海底的情况，而且还派出了参与打捞前期准备与军事保障的相关部门协助打捞工作的开展。如我国政府派出了当时刚刚升任交通部部长顾问的张智魁，还将交通部上海打捞局3100吨的"沪救捞3号"给了他作为打捞"阿波丸"号的指挥舰，同时还提供了一艘2600匹马力的拖轮和一艘海军的测量船、一艘救生船。虽然当时参加打捞"阿波丸"号的有上千人，可是海军和交通部仍派来了600多名潜水员，以及101、403两艘猎潜艇参与到打捞队中。

与此同时，为了保障好打捞工作，政府还提供了如粮食、蔬菜、药品、肉禽蛋、各种打捞器材等大批物资，这一切都为即将展开的深水打捞工程，打下了良好的基础。

直到大批人员、大量物资进入福建平潭，打捞队员们才知道国家这次兴师动众，是为了打捞"阿波丸"号沉船。虽然当时国家为打捞"阿波丸"号沉船提供了极大的支持，联合打捞工作组手中也有美国、日本、联邦德国等国家提供的有关"阿波丸"号沉船大致位置的资料，可是"阿波丸"号毕竟是沉船于30多年前，而且因为它是受鱼雷攻击后爆炸沉没的，沉船的位置与船体的破坏情况都很难侦测清楚，所以那次打捞工程的难度也是很大的。

不过，我国政府的努力没有白费，联合工作组在走访当地老渔民以及查阅相关资料，并派潜水员进行大量勘测探摸工作的基础上，还是大致确定了沉船的位置，随后又找到了"阿波丸"号沉船。

还没有浮出水面的真相

在确定了沉船的身份后，我国政府于1977年5月4日，也就是发现"阿波丸"号沉船的第三天，便以"清除渔场障碍"的名义对"阿波丸"号沉船展开了长达四年的打捞工程，这也是当时我国历史上最大规模的深水打捞工程作业。

在正式打捞前，潜水队员轮番下水察看"阿波丸"号的情况，以方便联合工作组制定详细、具体的打捞方案。据说潜水员下水后发现，"阿波丸"号沉船深陷在海底淤泥里，断裂的船体被大量渔网缠绕覆盖，阻碍着打捞工作的顺利进行。

联合工作组的首要任务就是清除这些渔网，当时他们是通过水下爆破来进行清障的。"阿波丸"号的甲板被炸裂开来，船体上淤泥与附着物也随着爆炸而与船体分离。之后，潜水员便进行"揭盖"作业，他们将甲板切割开来，并在关键部位打孔，拴上粗大的钢缆，作业船上的浮吊接到他们传来的信号后，便将甲板连带着附着物从水下拉上来。

一般来说，当沉船被揭盖后，就会露出里面装载的物资，"阿波丸"号沉船也不例外，当它被潜水员揭盖后，大量的每桶分别重 220 千克和 200 千克的白色和黄色橡胶以及杂物从它被揭盖的地方涌出船舱，漂到了海面上。

当时就有人研究过，这些橡胶在当时的国际市场上，价格达每千克 1 美元，想想当时我国的生活水平，只这批橡胶，就可算得上是一笔财富了，更不用说其他了。不过，对于"阿波丸"号上的物资，当时还是有人做了统计。据相关资料中记载，"阿波丸"号除了橡胶，还有大量其他的战略物资。其中，联合工作组派潜水员从"阿波丸"号中打捞出了 3000 吨锡、5.661 吨云母、1285.5 千克铌钽、11 千克黄蜡，以及大批橡胶，他们还从一些私人物品中发现了一些金银首饰，但却没有发现美国人清单上所列的大批黄金、白金与钻石。至于为什么资料中记载有，而实际打捞时却没有大批黄金、白金与钻石，原因目前无人知道。

不过，对于潜水员打捞上来的大批物资，有关专家研究后认为，之所以会有这些物资，应该是当时日本想制造飞机以图再起，所以他们从东南亚运载了制造飞机的主原料。专家们推断，如果"阿波丸"号上的物资被顺利运到日本，那么，日本就可以制造出接近硫黄岛战役时日军所投入的空中力量。这股力量对当时妄图负隅顽抗的日本来说，足可以改变战场局势，所以也不难理解，为什么当美国海军要求"阿波丸"号减速接受检查时，它会置之不理了。

虽然现公布于世的资料表明，"阿波丸"号会被击沉是因为它对美国海军的检查置之不理，以及美国海军的不明真相，可是事实真的是如此吗？我们可以想想，情报对于战争来说有多么重要，虽然"阿波丸"号装载的物资据说是严格保密的，可是如此看来，这秘密并没有多么严密，那么，并不算秘密的起航日期又怎么会没人知道呢？而且，当时日本人涌上"阿波丸"号，那种疯狂怎么可能又没人知道呢？所以当美国海军严厉警告后，不待"阿波丸"号有何反应，就发射鱼雷将其击沉，美国海军之所以将其击沉，而不是截获，是因为当时太平洋战场上美国与我国、新加坡等是盟国，如果截获，他们无法私吞，只能返还。

由这些推想可以得知，"阿波丸"号的沉没是一种必然：是日本政府面对危急的战场情态，不得不铤而走险、背信弃义的必然；是美国想拿下太平洋战场，真正赢得胜利的必然。不过，这些都是一种猜测，没有证据可以证明，至于里面的真相，只能等待随着更多"阿波丸"号物资及船体的打捞，以及相关资料的发现来揭示了。

话题回归"阿波丸"号沉船，除了它沉没的原因是个谜题外，它装载的财宝与物资也是个谜题。有很多资料都证实，"阿波丸"号的确装载了大量金银财宝，可是我国在1977年的打捞中，并没有发现大批黄白之物。这又是为什么呢？是消失了？还是资料错误，"阿波丸"号上并没有装载黄金等贵重物品？

对于这个问题，很多人都有过猜测，不过范围不离以下几种：

第一种猜测是当时日本人在"阿波丸"号上安装了自爆装置，当他们看到"阿波丸"号被美国潜水艇"皇后鱼"号的鱼雷击中时，他们便启动了自爆装置，将黄金等贵重物品全部炸碎，破碎的它们全部都消失在茫茫大海中了。证据就是潜水员发现的"阿波丸"号从驾驶台以下断成两截，拉福林的报告中也说，"阿波丸"号的落水者拒绝他们的营救。

第二种猜测是认为日本将黄金等贵重物品存放在船底，当"阿波丸"号被鱼雷击中爆炸后，这些贵重物品被爆炸掀起的海浪冲入大海深处，使它们陷在海底的淤泥中。证据是"阿波丸"号的甲板只能承受3吨的重量，超过3吨，甲板就会塌下来，酿成大难，而"阿波丸"号船底要比甲板厚得多，只有那里才能承受体积小重量大的黄金等贵重物品的集中堆放。

不管是哪种认为"阿波丸"号上装载有黄金等贵重物品的猜测，共同的意思都是说这些贵重物品已经沉入深海里。然而，以当时的打捞技术，水下60米是潜水员所能下潜的极限。当时勘测到"阿波丸"号沉没地点的水深最浅处是58米，再深的地方，潜水员根本无法下去。所以，我国在长达4年的打捞过程中，潜水极限一直是困扰联合工作组的难题，这个难题得不到解决，那么"阿波丸"号沉船也就只能继续沉睡在海底，等待后人及技术更发达后再来揭开它的面纱了。

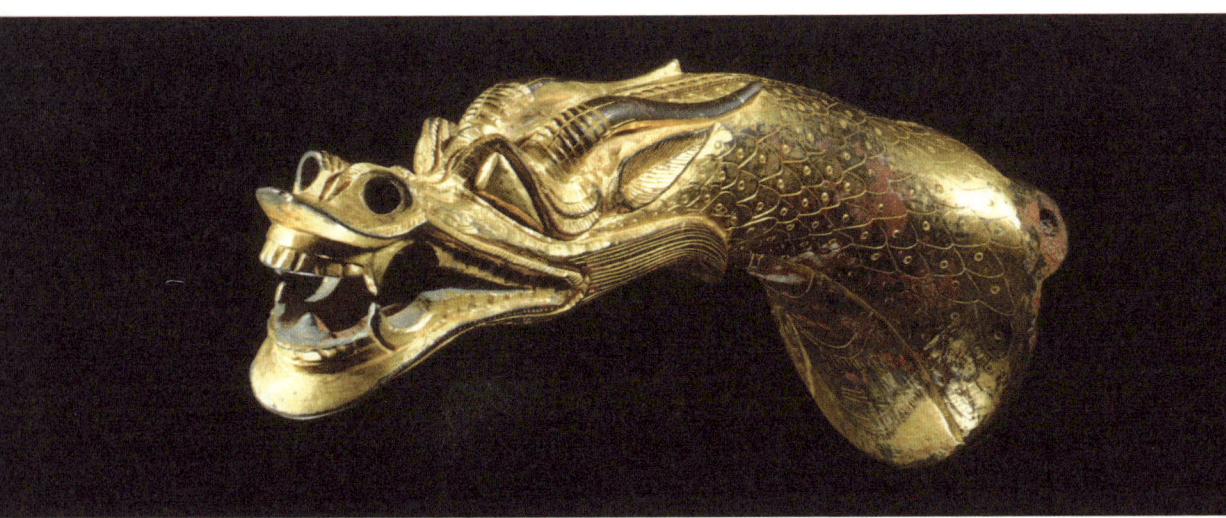

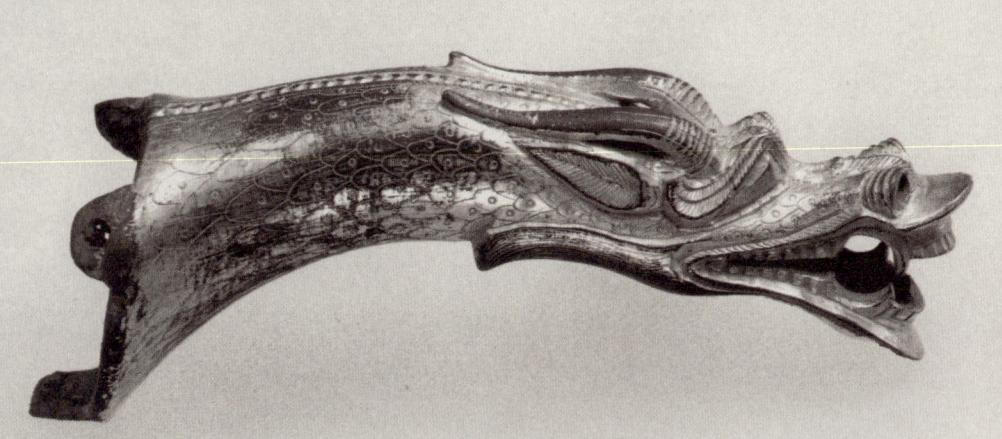

东汉鎏金铜龙头饰　6厘米×5.1厘米×14.6厘米

华光礁一号：西沙群岛的沉船宝藏

　　西沙群岛像一朵朵睡莲，漂浮在绿波万顷的南中国海上。它由东北向西南伸展，横卧在长 250 千米，宽约 150 千米的海域里，是南海航线的必经之地，所以在古代，西沙群岛又被称为"千里长沙"。

　　早在隋代，我国就有使节通过西沙群岛，前往今天的马来西亚，唐代则有高僧义净通过西沙群岛前去印度拜佛。虽然在古代，西沙群岛人烟罕见，海水清澈，能见度高，可是这里因为有连绵数千米的珊瑚礁，及大大小小的岛礁，所以沉船也并不少。甚至在我国古代的航海民谚中有这样一句："上怕七洲，下怕昆仑。"这句民谚中的七洲就是指西沙群岛一带的海域。

　　千百年来，西沙群岛上经过许许多多满载着陶瓷、丝绸、香料的商船，这里的台风、海啸、暗礁等灾害又不知导致多少商船沉没，使它们默默地沉睡在西沙群岛的海底，为那里留下大笔宝藏。其中比较惹人注意的，是二十几年前从西沙群岛海底中发现的南宋沉船遗址"华光礁一号"。水下考古工作者从"华光礁一号"中发掘出近万件珍贵的文物，为我们揭开了西沙群岛沉船宝藏之谜。

发掘"华光礁一号"

　　西沙群岛岛屿东面为宣德群岛，那里主要包括北岛、石岛和永兴岛等 7 个大岛屿；而西面是永乐群岛，主要包括由金银岛、中建岛、珊瑚岛等 8 个大岛屿。我国目前在远海海域发现的第一艘南宋古沉船"华光礁一号"沉没的华光礁，就位于西沙群岛西面的永乐群岛南部。

　　1996 年，中国渔民在西沙群岛的华光礁附近潜水时，发现了一艘沉船，那就是后来被命名为"华光礁一号"的沉船。"华光礁一号"沉船被渔民发现不久，就被当地的不法分子用炸药炸开了船体表面，船中大批珍贵的瓷器、文物被捞走。

自此以后，"华光礁一号"多次被不法分子盗掘。因为不法分子盗掘的手段十分野蛮，所以"华光礁一号"沉船被破坏得很严重。国家为了保护"华光礁一号"沉船，决定对它进行抢救性的前期挖掘。1998年，国家博物馆和海南省文物部门联合进行发掘工作。

因为这次是进行抢救性的初步发掘，加上华光礁水域的海水很清澈，能见度很高，所以发掘队并没有配备专门的声呐探测仪器。发掘队员入水后，观察到华光礁上千平方米的地方都有瓷器碎片，而"华光礁一号"就沉没于水深3米的地方。发掘队员发现，"华光礁一号"船体残长20米左右，虽然上层建筑遭不法分子盗掘，破坏严重，但是底层船体保存比较良好，还是有抢救发掘的价值的。

由于"华光礁一号"沉船船体已经高度饱水，加上这次只是试发掘，打捞技术支持不足，发掘队员只能采取一部分标本，并对"华光礁一号"沉船船体进行保护性回填，以待以后条件足够时，再进行整体打捞，所以这次打捞出水的文物并不多，只有将近1800件。

2007年，条件终于比较充分了，3月15日，国家博物馆和海南省文化广电出版体育厅（简称海南省文体厅）联合组建了西沙考古工作队，正式对"华光礁一号"沉船进行抢救性发掘和水下考古调查工作。这次发掘是当时我国有史以来，水下考古筹备最好、实施最严谨的一次发掘活动。

此时，"华光礁一号"沉船上面覆盖了许多的珊瑚，如果不仔细看，根本发现不了沉船，还以为那是一大块珊瑚礁呢。因为之前船体被破坏了一部分，所以残存的船体覆盖面积没有多大，只有180多平方米，船体在1998年保护性回填后，残长仍有20米左右，宽则有6米左右，舷深有三到四米，船上还有11个残留的隔舱。

考古队员在了解了"华光礁一号"沉船遗存的分布情况后，他们便以中心覆盖珊瑚的船体为中心，每4平方米布置一个探方，一共布置50个探方，覆盖大约370平方米的海底面积，来发掘"华光礁一号"沉船。

联合考古单位按照探方单位进行编号记录、绘图、摄影，并将扰乱层（扰

明成化年间景德镇珐琅瓷碗（祭器）10.8 厘米 × 15.6 厘米 × 4.4 厘米

明晚期　黑漆嵌螺钿游园赏乐图菱形盘　29厘米×21.6厘米×28.6厘米

明宣德年间景德镇瓷罐　高14厘米

乱层指包含不同时代文化遗物的堆积层）的出水文物，按照采集编号，统一进行处理。因为扰乱层被破坏严重，所以在此处发掘过程中，考古单位除了借助空气负压设备进行淤沙的清理工作外，主要依靠人力来进行搬运工作。

考古队员在清理搬运完扰乱层后，就看到了比较完好的下层船体，和里面装载的南宋瓷器、铁器、朱砂等文物。虽然已经清理完扰乱层，发掘到比较完好的船体下层，但是因为西沙群岛不规则的半日潮以及岛礁内循环往复的海流，使得那里没有高低平潮之间的短暂间歇，海浪较大。所以虽然沉船并不深，只在海下三米的位置，可是考古队员受海浪影响，根本无法长时间在海中站稳，加上沉船船体上部仍有多处被 1998 年保护性回填的大型凝结物叠压，这使得他们的海底考古工作进行极为缓慢。

上面这些难题并不是最困扰考古队员的问题，最麻烦的还是海底的流沙。当考古队员在"华光礁一号"沉船遗址处挖掘时，一不注意，海底的流沙就会回填住他们挖开的地方。再加上当时他们所用的水下抽沙机是由一台水面供气机临时改造的，功率和抽沙量都太小，无法和正规抽沙机相比，所以考古队员就需要格外小心，这就进一步加大了他们的工作量。不过，考古队员还是利用高潮时水位稍深，使用水面供气、水下工作的方式，交替进行文物发掘工作，终于在经过 50 来天的紧张工作后，将"华光礁一号"沉船中的绝大部分文物挖掘出来。之后，考古队员又进行回填保存发掘现场，同时保护当地的海底环境，不使海底因为此次发掘而引起剧烈变化。

这次在对"华光礁一号"沉船进行发掘的过程中，考古队员还分别对华光礁、玉琢礁、北礁进行了考古调查工作。在调查中，他们新发现了 10 处沉船遗址，其中位于北礁的 4 处遗址，已经有 2 处被不法分子盗掘过了。

此次，考古队员共花了 55 天发掘"华光礁一号"沉船，其中潜水时间就高达 30 多万分钟。工作虽然繁重，但是收获也颇丰，出水文物近万件。其中，绝大部分为福建和江西景德镇出产的陶瓷器。陶瓷主要有青白釉、青釉、褐釉和黑釉几种；而陶瓷的器型主要有碗、盘、碟、盒、壶、盏、瓶、罐、瓮等。从发掘出水的文物品种及器型来看，这些文物大部分是出于福建闽南一带的民间窑场，因此，专家们推断，"华光礁一号"沉船是一艘南宋的贸易商船。

另外，考古人员在发掘过程中还发现，"华光礁一号"只有木制的船体的下部结构残存在水里，他们没有发现任何一件上层甲板物品，而且，考古人员还发现，沉船中的文物分布十分集中。如果当初"华光礁一号"是被风浪击碎或在此处触礁而沉的，那么，散落在沉船附近的船体残骸和文物不可能没有一点痕迹，所以专家们据此推断，"华光礁一号"沉船不可能是在此处失事沉没的，而应该是在别处失事后被外力，如潮流等送到这一浅水区域的。

唐宋以来，随着我国古代航海技术的发展和海外贸易的繁荣，中国商船从广州、泉州、宁波、扬州等地出发，途经西沙群岛、南沙群岛到达波斯湾、红海，乃至与北非和地中海沿岸国家的海上贸易通道也逐渐多了起来。而伴随着繁荣的航海活动，商船沉没海中的也越来越多，在几千年的积累中，形成了不计其数的海底宝藏。目前已被发掘出来的"华光礁一号"就是沉没于西沙群岛中的沉船之一。它和其他无数的沉船一起见证了我国与周边国家、民族的友好往来和文化交流。

迷雾重重的"华光礁一号"

因为海水对木材的腐蚀性极强，所以古代木质沉船的船体很难保存下来。而"华光礁一号"沉船的船体虽历经近千年海水的浸泡，仍保存住了原船船体的1/3大小，可谓珍贵至极，因为它为我们研究古代航海贸易及航海路线提供了弥足珍贵的历史资料。

为什么同样是木质的"华光礁一号"沉船能保存这么长时间呢？专家们推断：这可能与"华光礁一号"残存船体表面长满了成片的珊瑚有很大关联。因为"华光礁一号"残存船体上覆盖了大颗粒的钙质生物沙，下层又有交织成片的柱状珊瑚骨骼铺垫，这一层层的生物覆盖是一种自然造化，它们巧妙的存在，保留下了"华光礁一号"珍贵的船体。

为什么专家们能肯定"华光礁一号"是一艘南宋沉船呢？我国800多年前的古船又是什么样子呢？

原来，在考古人员打捞出来的"华光礁一号"沉船的瓷器文物中，有一件瓷器底部清晰地标明"壬午载"的干支纪年，专家们结合出水瓷器的断代，推断这艘船应该是南宋高宗时期的古代商船。另外，专家们还通过观察船体构造，发现这艘船应该建造于南宋福建地区，而且船上出水的文物也多是福建出产的陶瓷用品。他们由此推断，这艘船可能是从福建地区出发、驶往海外的贸易商船。可是由于能做证据的出水实物不足，对于这艘船的目的地，还无法做出明确的推断。不过，这艘船是南宋中期的商船，沉没于南宋中期还是可以肯定的。由此可见，在南宋时期，我国航海技术就已经较为成熟，处于世界航海技术的领先水平，我国古代人进行地理探索也走在了当时的世界前列。

专家们也承认，他们对"华光礁一号"沉船的研究并不完全，因此他们的推断也有一定的片面性。毕竟"华光礁一号"沉没于海底近千年，无论是船体，还是里面的物品，都有一定的损伤，现在对"华光礁一号"沉船的研究，仅仅是一些破碎的不全面的研究内容，无法涵盖船货、船体、造船史、造船工艺、航海技术、远洋航线等各个方面，所以，我们对"华光礁一号"可以说远未尽能了解，有许多问题有待于水下考古人员研究。

比如，"华光礁一号"残存船体上有一大块铁质凝结物，是将"U"形铁条用竹篾捆扎成直径在0.12米至0.15米的炮弹头形状，在它下面叠压着摆放有序的陶瓷器，这些陶瓷器与凝结物胶结在一起，难以分开。这些凝结物是什么？这些铁器是只用于对外航海贸易，还是河运也有？这些目前没人可以做出解释。虽然也有推断这些铁器是用来保持船的平衡与航行稳定的，可是因为缺乏资料与实物佐证与记述，所以这也只是一种猜测罢了。

又比如，因为"华光礁一号"在海底浸泡近千年，出水船板的含水量高达300%左右，又经过海底生物的噬食，导致船板木质水解严重，细胞组织被严重破坏，纤维分子也被分解，木质的船板呈海绵样多孔状。虽然出水的船板表面看起来仍保持原样，但是实际上，船板材质发软、脆弱，只要稍用力触碰，便会剥离。这些都使得专家们根本无法测定船板的树种，然而船体，尤其是船板，是验证历史的重要信息载体，专家因为无法确定"华光礁一号"船板所用的树种，所以也就无法推断建造"华光礁一号"的地点、造船工艺，而要想复原"华光礁一号"沉船，描绘出南宋时的航海路线图也是无法办到的了。

除了上面关于"华光礁一号"船体的疑问外，专家们对"华光礁一号"沉没的具体原因也没有明确的结论，只能大概推断它并不是在沉没处失事，而应是在别处失事后，被外力推至此搁浅沉没的。可是它具体的失事地点在哪儿，

宋朝锅陶器 3.7厘米 ×6.7厘米

南宋 吉州窑褐釉剪纸贴花碗 6.7 厘米 ×12.7 厘米

宋朝文官陶器 12.4 厘米 ×7 厘米

明永乐 黄铜鎏金敏捷文殊菩萨像 19.1厘米 × 12.1厘米 × 8.9厘米

是因为什么原因失事，也还是一团迷雾。

从史料中我们可以知道，海南岛位于南海海上丝绸之路的必经航道上，尤其是西沙群岛，更是海上丝绸之路的重要驿站，它是如何为远洋航行的各国船舶提供补给、维护保养服务的呢？如果能解开"华光礁一号"的那些疑问，或许会为这个问题提供一些资料。

西沙群岛的地理位置对航海如此重要，而它的环境与气候影响肯定不止"华光礁一号"这一艘沉船，沉没在西沙群岛其他岛礁的沉船就证明了这一点。

不孤单的"华光礁一号"沉船

在西沙群岛，除了华光礁外，还有北礁、甘泉岛、珊瑚岛、金银岛、南沙洲等处也发现了沉船。

北礁位于永乐群岛北端，是西沙群岛最北面的一座礁岛。那是一个长约6.5海里，宽约2.6海里的椭圆形环礁，当地渔民将那里称为"干豆"。北礁把守着海上丝绸之路南海航线的要冲。虽然在涨潮时，北礁可让10吨级的船只通过，可是这里风高浪急、暗礁丛生，古今从此经过的船只，不少在此触礁沉没。所以这里静静地躺着许多古代的沉船，吸引着水下考古人员来此探索。

北礁沉船中有不少珍贵文物，如1997年12月初，琼海市潭门港"00337号"渔船发现并打捞出的陶器、瓷器、铜器、石器以及一万多枚铜钱，还有渔民从北礁礁盘边缘打捞出的明代铜盘器座等。

专家断定铜盘器座为明代生产的，是因为随同它一起被发现打捞出来的一万余枚铜钱多为明代所制的"永乐通宝"。永乐初年，明王朝是当时世界上最强盛的帝国，那时我国经济富庶，明成祖朱棣为宣扬国威，命三保太监郑和于永乐三年（1405年）带领庞大的船队下西洋，并让其随船携带大量商品，加强对外联系。当时郑和考虑到海外诸国对我国货币有着强烈的需求，随船除了装载大量瓷器、丝绸等物品之外，还装载了大量铜钱。

专家们之所以会推断这些铜钱可能是郑和下西洋时所装载的，是因为那些铜钱多是全新的未流通使用的新币，在明成祖朱棣时期，有权力调配新币的，只有官方。而且专家从史料中发现，这些铜钱的铸造年代与郑和下西洋的时间、航线、货物记载都比较吻合。所以专家们大胆推断，渔民们在北礁发现的沉船，很可能就是郑和下西洋时不幸触礁沉没的一艘。

甘泉岛是西沙群岛中露出海面最晚的一个小岛，虽然它的面积只有 0.3 平方千米，但是岛上却有极为甘甜的泉水，甘泉岛也因此而得名。甘泉岛南北长约 700 米，东西宽约 500 米，整体呈一个椭圆形。在 1974 年、1975 年、1996 年组织的考古调查中，考古人员在岛上发现了唐宋时期的居住遗址和陶瓷器、铁刀、铁凿等物品。由此可见，在甘泉岛还未露出海面之时，一定让不少沉船触礁失事。

珊瑚岛得名于环绕在它周围的珊瑚礁，珊瑚岛的面积和甘泉岛的差不多，大约 0.31 平方千米，不过，它东西长约 800 米，南北宽约 400 米。考古人员在珊瑚岛东北部的礁盘大约 6 米的水下，发现了三处遗物聚集点，两处主要是宋、元、明等朝代的陶瓷器物品，一处则是以石雕为主的建筑构件，如石人像、石柱、石板、石条、石斗拱、石柱础等，还有考古队员捞起过一个已经呈现黑色的女性石像，人像慈眉善目，面带微笑，线条刻画十分清晰，甚至连人像发髻纹路都清晰可见。

金银岛在永乐环礁的西边，它的面积比珊瑚岛还大一些，岛长 1275 米，宽有 560 米，形如琵琶。考古队员对西沙群岛进行过多次考古，可是只在金银岛岛上和水下发现过同一时期的文物，即清代早期广东、江西地区民窑烧制的青花瓷盘。据专家推断，金银岛上和水下的文物应该属于同一条沉船的遗物，沙滩上的瓷器可能是风浪从海里推上岸的。

南沙洲的面积比甘泉岛还小，只有区区 0.06 平方千米。南沙洲并不像甘泉岛那样，自从露出水面后便常年露在外，它在涨潮时，会被海水淹没。虽然南沙洲面积很小，但它常被海水淹没，所以南沙洲上的沉船瓷片数量却是最多的。据说 1996 年考古人员到岛上考古时，不只背包、随身的口袋，甚至连头上的草帽都用来装在岛上发现的瓷片了。

无论是水下的遗物，还是陆上的瓷片，它们不但见证了我国古代航海技术的成熟，还见证了中国海上贸易的鼎盛。

"华光礁一号"所在的西沙群岛有着太多的沉船，这些沉船中蕴含了太多的历史资料与信息，这些资料与信息并不是直观的，需要一代乃至几代考古人一层层剥离历史的谜团……

海上丝绸之路：一张"海底藏宝图"

　　海上丝绸之路是我国古代与世界其他地区进行贸易和文化交流的海上交通路线，它以南海为中心，主要起于我国的泉州、广州，所以历史上又将它称为南海丝绸之路。

　　海上丝绸之路形成于秦汉时期，发展于三国至隋朝时期，繁荣于唐宋时期，转变于明清时期，是目前已知的最为古老的海上航线，它甚至比陆上丝绸之路还要早。

　　海上丝绸之路是古代海道交通大动脉。它主要有东海起航线和南海起航线两条。东海起航线东通日本，朝鲜半岛；南海起航线则西经东南亚、印度洋地区，直至西亚和东北非以及欧洲，与世界上100多个国家和地区连通。

　　由于海上丝绸之路的水域环境复杂，有些地方水流变幻莫测，潮汐变化大，因此自古以来，海上丝绸之路上有大批船只遇险，沉入海底，不见天日。与这些沉船一起沉寂的，还有大批的文物与财宝，这些都成为一些不法分子觊觎的对象。

探究海上丝绸之路

　　《汉书·地理志》中记载："自日南障塞、徐闻、合浦船行可五月，有都元国……其州广大，户口多，多异物，自武帝以来皆献见。有译长，属黄门，与应募者俱入海市明珠、璧琉璃、奇石异物，赍黄金杂缯而往。所至国皆禀食为耦，蛮夷贾船，转送致之。亦利交易，剽杀人。又苦逢风波溺死，不者数年来还。大珠至围二寸以下，平帝元始，王莽辅政，欲耀威德，厚遗黄支王，令遣使献生犀牛。自黄支船行可八月，到皮宗；船行可二月，到日南、象林界云。黄支之南，有已程不国，汉之译使自此还矣。"由此可知，当到了东汉（特别是后期）时，因为造船技术的提高，以及航海技能的提升，我国古代人民通过大海与世界交流的行为越来越多，通过徐闻（今广东徐闻县）、合浦（今广西合浦县）可到达印度等地。随船带去的主要有丝绸和黄金等物，这些丝绸再通过印度转销到中亚、西亚和地中海各国。此一行为标志着我国海上丝绸之路不再单单是陆上丝绸之路的补充，而是一条与世界交流的通道了。

据史料记载，受马可·波罗的《马可·波罗游记》的影响，十六七世纪的欧洲人以拥有我国的瓷器为荣，他们大量收藏我国的瓷器，从而带动了我国瓷器的出口，海上丝绸之路也越发繁荣。然而海上风云莫测，随着船运的繁荣，沉船事故日益增多。

2005年年底，一批打捞自海底的瓷器首次出现在拍卖场。这200多件甚至都算不上官窑的瓶瓶罐罐，总成交额却高达2727万元，成交率为92.05%，这一事实大大出乎人们的意料，因为在拍卖前，人们对这批瓷器进行了预估，预估价格仅仅为100万元。这批瓷器的热拍，让无数企图获取暴利的人打上了海底沉船的主意，尤其是对海上丝绸之路上的沉船，他们尤为关注，这也造成了我国文物的大量流失。

沉船文物不仅对考古学家研究海上丝绸之路的形成、发展以及当时中国的造船史、对外贸易史具有极其重要的意义，而且也是当时国力强盛的真实表现。所以我国政府对于沉船文物的流失问题非常关注，并出台了一系列相关政策，来保护沉船文物的安全。尤其是海上丝绸之路的沉船，对我国的意义更是巨大，所以在2006年时，国家博物馆为方便打捞、研究海上丝绸之路上的沉船，便将水下考古的重点区域由南海海域移至东海海域，将正处于海上丝绸之路起点的宁波等浙东沿海城市划入了打捞、研究沉船"重中之重"的区域。

除了采取以上措施外，国家博物馆还委托宁波市文物考古研究所对海上丝绸之路的起始港口地区展开大面积的细致调查，将可能留有沉船的地方一一标志出来。如各大港口：象山港、西沪港、石浦港等；如濒海乡镇：台州三门湾北部、舟山群岛等。

宁波市文物考古研究所调查队经过严密的调查，终于于2006年10月，绘成了一份浙东"海底藏宝图"。图上详细列出了他们调查到的37个可能会发

明 景德镇彩瓷盘 直径 26 厘米

明天启 景德镇窑青花五彩仙人乘槎图盘 3.8 厘米 × 16.5 厘米

西汉青铜镜　直径　15.6 厘米

现沉船的点，其中宁波海域有 14 处，舟山海域有 23 处。

要确定一个沉船可疑点，需要 4 个方面的资料的支撑：其一，物证。即需要有已经出水的实物，如瓷器、陶器以及船板、木构件等。其二，人证。即当地流传有沉船的说法。其三，文献记载。即历史文献中有关于此地沉船事件的记载。其四，地理位置，即此处海域是否位于古代海上丝绸之路上或出海口附近，是否属于海难事故高发地。

根据这四方面的条件，也为了能更好地锁定沉船目标，实现有效打捞，调查队根据各方面的证据充分论证，进一步缩小沉船范围，按沉船可能性大小，将 37 处沉船地点分为 7 处重点遗存点和 30 处普通遗存点。那么，这些疑似沉船藏宝处到底是哪些海域呢？

细绘"海底藏宝图"

调查队分出的 7 处重点遗存点都在哪些海域呢？它们又有哪些不同之处呢？

其一，洪星海塘外。奉化莼湖镇业余文保员曾多次在此用拖网拖起一些青瓷、青花、影青和韩瓶瓷器。不过，这些出水瓷器器型很杂而且瓷器多是碎片，并不完整。经过鉴定，瓷器年代跨越了宋、元、明、清几个朝代。考古队在此地探摸的过程中，并没有发现完整的瓷器，所以调查组认为此处发生沉船海难的可能性极小，这里之所以会有破碎的瓷器，可能是海浪潮流推动的原因，因而使此地成为二次堆积的水下文化遗物点。

其二，桐照港南。这里有业余文保员和渔民多次打捞到的青瓷、青花等器物。但考古队却只找到一块北宋龙泉窑青瓷碗片。

其三，南沙山东。在这里，曾经有一位小渔船船主在捕鱼时捞起过一件宋元时期的瓷碗，但考古队在此处没有任何发现。

其四，外门山。在这里，有渔民在进行拖网作业时曾捞起各类瓷器，但考古队在此处也没有发现任何文物，不过，根据各种资料来看，可能是因为海底淤泥太厚，以现有条件难以发现沉没文物。

其五，民丰江口。在这里有渔民捞起过杯、碗、碟、盘等文物，考古队下潜后也发现了三件明代青花瓷器，所以这里很可能存在明代水下遗物点。

金钱马

金錢馬

其六，双泡礁。有渔民在这里捞到过船板和各类木构件，不过，对此，这里的老百姓承认，在抗日战争期间，日本军队在此一次性炸沉了四五艘渔船。考古队也没发现任何有价值的文物，所以调查队估计此处沉船很可能为普通渔船。

其七，万礁。在这里，当地渔民有打捞起过同等样式、年代一致的元代芒口青白瓷碗，而且这些瓷碗是被渔民成摞打捞起来的，所以调查队认为，这里极有可能有沉船存在。

为了更有效地锁定沉船目标，考古队进一步缩小范围，将证据最充分的三处作为"优选点"，优先进行水下探测和探摸。

这三处优先点是哪儿呢？潜水员海底探索的发现又有哪些呢？

第一个优选点是离象山西泽码头不远的礁岛附近海域。之所以选这一处，是因为附近区域的很多渔民都证实，他们陆续网到过的出水器物就达数百件之多，而且器物的样式和时代也很一致。为什么这里是明礁还会有沉船呢？调查人员询问当地老人后得知，原来这里最早的时候并不是明礁，而是暗礁，后来海水后退，才使暗礁露出水面，变成明礁。当地老人还说，这里在古代就是出入象山港的地方，所以这里有古代船只沉没的可能性就极高了。

第二个优选点是象山县贤庠镇的附近海域。之所以选这里，是因为当地渔民曾捞起过具有相似结构的木船板和木构件。这里风大浪高潮流急，又属于象山港出海口，会发生沉船事故也就不意外了。

第三个优选点位于距离石浦港数十海里的一座海岛附近。之所以会选择在这里，是因为当地渔民在这里抛锚起锚时，带起过一些青瓦、韩瓶、碗、盘、碟、盏碎片，而且调查队员通过查找《象山交通志》了解到，那里的确有古代船只沉没，这在《象山交通志》有明确记载。

明确了打捞地点后，考古队便分三个步骤对这三处进行水下探测和探摸。

第一步，邀请当地知情渔民一同出海，尽可能找准探点、探摸对象的大致方位。

第二步，在找到大致方位后，以该方位为中心，在其周围进行声呐探测并逐步扩大探测范围。一旦有所发现，就放置浮标定位，记录经纬度和参照物，以便为下一步探摸做好准备。

第三步，根据渔民们的探测结果，以浮标为目标，有目的地进行潜水探摸。

水下探测本来就困难重重，尤其是这次的水下探测更为困难，这是因为浙东沿海海域水流湍急，潮汐变化大，水质混浊，水下能见度极低。加上海底多是泥质，有些水下文物在长期的海浪拍打下，渐渐陷入了海底泥沙中。其实不只一些沉船文物会陷入海底泥沙中这一点困难，更让调查队为难的是，长期沉没在海底的沉船，很可能会被海浪打散船体，或是随着潮流漂移到其他地方。这些问题都为调查队此次寻找、发掘沉船增加了难度。

尽管困难重重，但考古队员们仍对在象山港准备进行的"东海一号"打捞行动兴奋不已。

安眠的象山东海沉船群

调查队在走访时，听说过很多渔民发现古沉船的经历，也有渔民说，他们无意中打捞起大量宋元明时期的青瓷和生活物品。文保部门统计有关沉船的信息，发现沉船很可能位于渔山列岛、三门湾、石浦港等海域。其中最引人注目的是，有三艘沉船的信息与《象山交通志》的记载基本吻合。

蔡良高是南渔山岛的一名渔民，据他说，在20多年前，他在南渔山岛水深约20米的海域捡到过青瓦、韩瓶、碗、盘、碟等物品。船主刘和才也说，他在北渔山北岙门口西北方位，发现过一艘铁轮，铁轮船体比较大，虽然沉船的地方水深有30～35米，但那里的水质还是比较清澈的，能见度也较好，所以船还是能比较清晰地观察到。对于这艘船，当地的老人回忆说，应该有100多年的历史了，他们认为这艘船应该是华轮怀远号。

当地文物部门还接到过渔民的报告，说他们在北渔山大白礁西南方向发现了一艘货轮沉船，他们从沉船上打捞起的东西有日用百货、铁板、铜管和锡块等物品，这些东西据当地懂行的人鉴定都有七八十年的历史，所以渔民们怀疑这艘船可能是法轮长江号。

另外，吴大毛、苏和雨等渔民向文物部门报告，说他们在南渔山岛西湾嘴头北面发现了一艘沉船，它位于水下约百米处，不过，水质清澈，能见度好，所以渔民能相对清晰地观察到它。这艘沉船装有日用百货，根据出水的物品来看，这艘沉船应该有近百年的历史了。渔民牟永根说，他在潜水时，也发现了这艘船，这艘船船体上有圆形铜片，上面刻有直径 25 ～ 35 厘米的图案。当地人根据这些情况推测，这艘船很可能是华轮华阳号。

文物部门有关负责人向考古队介绍说，《象山交通志——从录、杂记、交通运输事故纪实》里明文记载，光绪九年（1883 年）十一月，华轮怀远号在北渔山岛附近沉没，死亡共计 165 人。光绪十六年（1890 年）五月，德轮扬子号在北渔山岛附近失事。民国二十年（1931 年）3 月，法轮长江号在北渔山附近沉没，只幸存船员 60 人，被灯塔管理员收容，其余人全部遇难。同年 4 月，英轮普瑞太那轮华轮救起搁浅于南渔山西北的华阳号船员、旅客。考古专家认为，如果渔民的发现能得到证实，那么基本上可以肯定上述几起沉船事故记载的真实性，这对他们探摸象山沉船群可是一个好消息。

有了上面这些情况的佐证，国家博物馆水下考古研究中心和宁波水下考古基地最终决定联合对象山港几处疑似沉船遗址进行探查。他们的联合队名称就是"象山片区水下考古队"。

对于这次海下探宝活动，文物保护专家认为，此次会有力地推动正在进行的海上丝绸之路申遗活动。而当地相关部门则认为，联合队此次的打捞，可以有力地推动当地文化以及旅游寻宝业的发展，所以当地政府对这次打捞活动，给予了最大的支持力度。而对于打捞人员来说，这次被命名为"东海一号"打捞计划的行动，如果成功，就足可以与之前的"南海一号"打捞相媲美，他们也会在历史上留下浓重的一笔，所以各方面都进行积极地准备。然而因为种种原因，正式打捞时间待定。

古老的船队虽已成为历史的回响，但安眠于浙东沿海的象山古沉船，既是我国未知的海底宝藏，又是我国古代海上丝绸之路繁荣的标志。所以我们期待着，期待着未来海下考古活动有震惊人心的发现；期待着象山海域水下遗存问号的解开；期待着"东海一号"能重见天日；我们期待着这一天的到来！

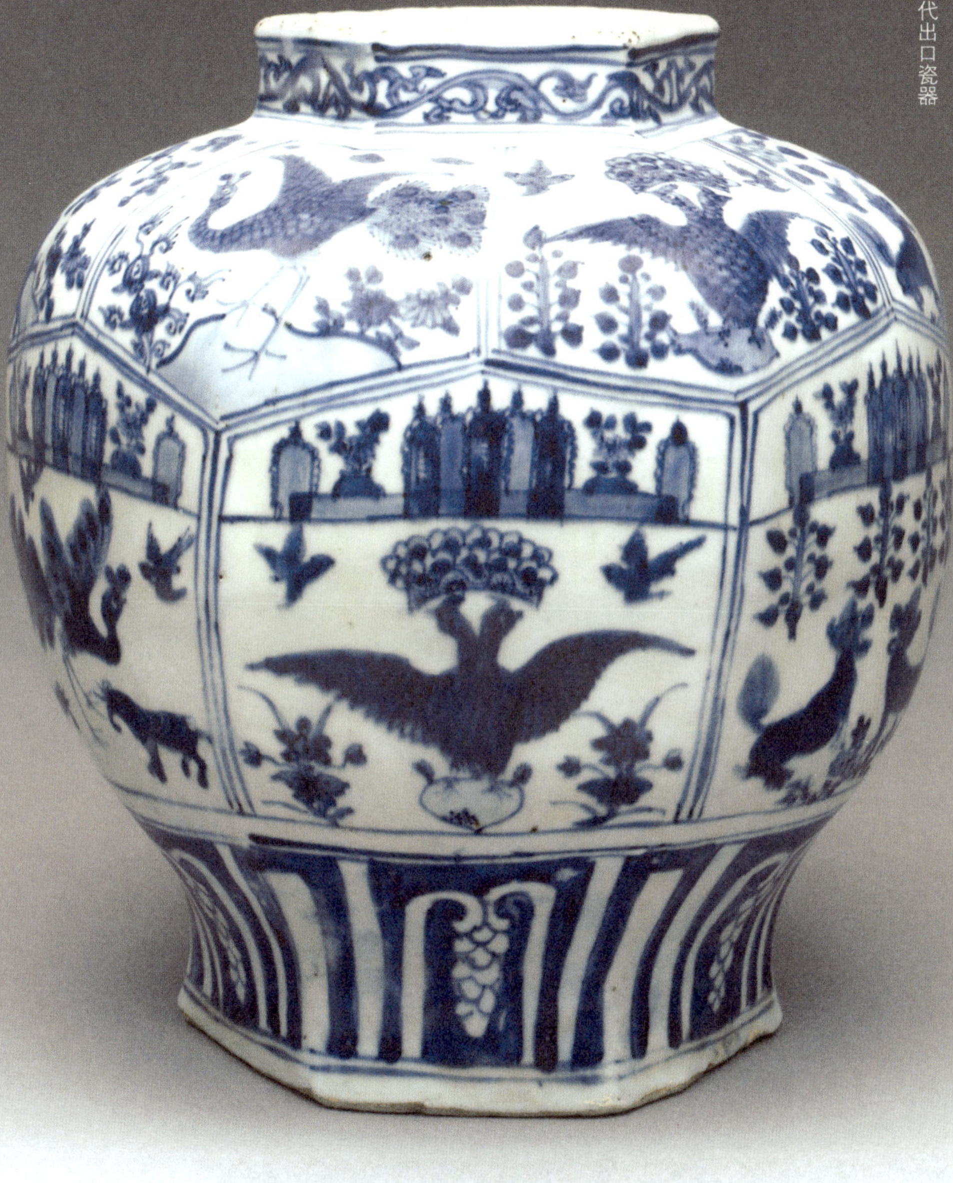

带有圣奥古斯丁勋章徽记清代出口瓷器

图书在版编目（CIP）数据

国家宝藏：探寻宝藏背后的中华遗产 / 牟彦秋著 .
-- 北京：台海出版社，2020.8（2024.1 重印）

ISBN 978-7-5168-2633-1

Ⅰ . ①国… Ⅱ . ①牟… Ⅲ . ①历史文物—中国—通俗
读物 Ⅳ . ① K87-49

中国版本图书馆 CIP 数据核字（2020）第 095049 号

国家宝藏：探寻宝藏背后的中华遗产

著　　者：牟彦秋

出 版 人：蔡　旭　　　　　　　　　　装帧设计：新华尤品
责任编辑：赵旭雯

出版发行：台海出版社
地　　址：北京市东城区景山东街 20 号　　邮政编码：100009
电　　话：010-64041652（发行，邮购）
传　　真：010-84045799（总编室）
网　　址：www.taimeng.org.cn/thcbs/default.htm
E － m a i l：thcbs@126.com

经　　销：全国各地新华书店
印　　刷：三河市嘉科万达彩色印刷有限公司
本书如有破损、缺页、装订错误，请与本社联系调换

开　　本：710 毫米 ×1000 毫米　　1/16
字　　数：318 千字　　　　　　印　　张：19.5
版　　次：2020 年 8 月第 1 版　　印　　次：2024 年 1 月第 12 次印刷
书　　号：ISBN 978-7-5168-2633-1

定　　价：68.00 元

上架建议：历史·考古

ISBN 978-7-5168-2633-1

定价：68.00元